E as crianças eram difíceis...
A REDAÇÃO NA ESCOLA

E as crianças eram difíceis...
A REDAÇÃO NA ESCOLA

Eglê Franchi

Copyright © 1984, Livraria Martins Fontes Editora Ltda.,
São Paulo, para a presente edição.

1ª edição *1984*
3ª edição *2022*

Revisão de texto
Monica Stahel
Revisões
Sandra Regina de Souza
Ana Maria Barbosa
Marisa Rosa Teixeira
Produção gráfica
Geraldo Alves
Capa
Casa Rex

Dados Internacionais de Catalogação na Publicação (CIP)
(Câmara Brasileira do Livro, SP, Brasil)

Franchi, Eglê Pontes
A redação na escola : e as crianças eram difíceis / Eglê Pontes Franchi. – 3. ed. – São Paulo : Editora WMF Martins Fontes, 2022. – (Linguagem)

ISBN 978-85-469-0358-0

1. Português – Redação 2. Redação (Literatura) I. Título. II. Série.

22-100573 CDD-808.0469

Índices para catálogo sistemático:
1. Português : Redação : Avaliação 808.0469
2. Redação : Português : Avaliação 808.0469

Cibele Maria Dias – Bibliotecária – CRB-8/9427

Todos os direitos desta edição reservados à
Editora WMF Martins Fontes Ltda.
Rua Prof. Laerte Ramos de Carvalho, 133 01325.030 São Paulo SP Brasil
Tel. (11) 3293.8150 e-mail: info@wmfmartinsfontes.com.br
http://www.wmfmartinsfontes.com.br

Índice

Agradecimentos **IX**

Introduzindo Nossa Escola: preocupações **XI**

Capítulo 1 Aqueles alunos eram diferentes **1**
O "clima" da classe **5**
O que e como escreviam meus alunos **12**
Para valorizar aquelas crianças,
parti de sua linguagem **45**

Capítulo 2 Como fazer os alunos perceberem as variações
da língua e respeitá-las **55**
Aprendizado das primeiras convenções da escrita
na representação do diálogo **62**
Uma primeira pausa para avaliação do
processo **74**

Capítulo 3 As crianças começam a observar e
reproduzir estórias **79**

        Revelando os pequenos "autores"
        da classe **89**
        Para iluminar detalhes e aspectos das redações **107**

Capítulo 4   Conclusões? **135**

Obras citadas **151**
Apêndices **155**

"A sinhora como que bateu nas costas dela, feiz ela sortá as palavra não só na boca, mas na mão tamém."
(Mãe da Clarice)

"Essa língua que nóis fala num é assim errada, nóis num precisa tê vergonha dela."
(Mãe da Evanil)

"Esse jeito" de *"ponhá grandeza na fala da criança levô ela longe."*
(Mãe da Eliane)

(Fragmentos de entrevista realizada com os pais das crianças que participaram comigo deste trabalho.)

Agradecimentos

Este trabalho foi originalmente apresentado como tese de mestrado em Educação, na área de Metodologia do Ensino. Para realizá-lo contei com a ajuda de pessoas e instituições que preciso referir:

O prof. dr. Joaquim Brasil Fontes Júnior pela paciência, dedicação e constante estímulo com que orientou a tese.

Meu marido, Carlos, que lançou o germe deste trabalho, iluminou carinhosamente pontos que para mim eram obscuros e reviu a redação final.

Professores amigos do Instituto de Estudos da Linguagem e da Faculdade de Educação da UNICAMP, que pacientemente me ouviram e deram contribuições valiosas com sua experiência e conhecimentos.

A FAPESP – Fundação de Amparo à Pesquisa do Estado de São Paulo – que parcialmente financiou esta pesquisa.

Meus pais, que, além da confiança e incentivo permanentes, assumiram parcialmente minhas obrigações domésticas e familiares, sem o que não poderia ter realizado este trabalho.

Quero lembrar, de modo especial, os alunos que não participaram deste trabalho como "sujeitos de experiência", mas estiveram comigo em um processo humano que nos enriqueceu mutuamente:

Almiro Ferreira dos Santos
André Carlos Renardi
Elianes José Barbosa
Marcelo Antônio Cezarini
Márcio dos Santos
Maurício Kashima
Vanderlei Ap. da Silva
Clarice Moreira da Silva
Eliane Ap. Rigato Paulino
Érica Adriana Labella
Evanil Vieira
Jovelina Barbosa de Jesus
Nilza Gabionetta
Renata Alves de Paula
Rosemary Francelino do Prado
Sílvia Pasquanelli
Simone Paz de Melo

Introduzindo

Nossa Escola: preocupações

Hoje tudo parece ir muito bem. A escola de primeiro grau com duração de oito anos é obrigatória e aberta para todas as crianças a partir dos 7 anos; só podem sair de uma escola com vaga em outra; reformulam-se os currículos; oferecem-se, em princípio, condições de formação segundo a capacidade de cada um; cresce vertiginosamente o número de matrículas!

Nessa perspectiva de uma proclamada evolução (compatível com um ideário liberal) mantêm-se intocáveis, quase por inércia, alguns valores "básicos": a pontualidade, a ordem, a dependência do adulto "doador" de experiências, a obediência; enfim, as condições da disciplina regrada, do exterior do processo de aprendizagem e de seus principais participantes.

Mas, sob este invólucro de benefícios, intenções, sentimentos e atitudes positivos, há entre pais, alunos e professores um mal-estar que inquieta e questiona.

Assim, entre os pais, há um desagrado geral quando percebem a distância entre o que os seus filhos são obrigados a aprender na escola e a vida real. Entre os pais trabalhadores a preocupação é maior ainda, pois sabem que a escolaridade é necessária. E, como diz L. A. Cunha (5), sabem por duas vias:

"primeiro, pela prática cotidiana da discriminação social que usa frequentemente o diploma para limitar o acesso aos cargos mais remunerados, mais prestigiosos e que dão maior poder; segundo, pela ideologia liberal contida na educação difusa presente no seu próprio ambiente familiar e profissional, sem falar nos veículos de comunicação de massa e na própria escola. Levam então seus filhos à escola (não feita para eles) e estes fracassam. Percebem as razões do fracasso escolar dos filhos como incapacidade, carência ou, na melhor das hipóteses, como imaturidade, associada à idade".

Entre os alunos há incerteza e ansiedade: devem conformar-se com um modelo prefixado de "bom aluno", que só escuta, que obedece atento, dócil, disciplinado, e por esses "méritos" é avaliado. As qualidades de espírito crítico e reflexão são deixadas nas "introduções" e "proclamações de princípio", sem inspirar uma prática efetiva, quando não são apagadas e subjugadas pela repressão do mestre.

De um lado, os alunos são submetidos a contínuos trabalhos com notas, questionários que chegam a lhes causar tensões e ansiedades; de outro lado, recebem da escola um mundo de conteúdos insólitos que não têm nem significação nem utilidade imediata para eles. Conteúdos separados da realidade cotidiana, de uma prática real. Conteúdos fechados ou fracionados que devem ser assimilados por todos durante um ano. Se isso não acontecer, como de fato não acontece, pois nem todos são iguais, acena-se com o "fantasma da reprovação".

Do ponto de vista do uso da língua, devem adequar seu dialeto à bela linguagem que normalmente não é a sua, nem a de seus pais, nem a de sua comunidade, mas a única oficial da escola, a única certa. Tudo o que na linguagem corrente do aluno não corresponda às normas é corrigido e estigmatizado pelo mestre.

Finalmente, os professores também estão preocupados e percebem o nível dos alunos baixando de ano para ano. Interrogam a causa do desinteresse dos alunos e seu fracasso. Acusam então os programas, os alunos ou os próprios colegas de profissão. Entretanto, por sua formação e por causa das exigências do contexto em que a escola está inserida, não deixam de transmitir certos valores aos alunos, dia após dia, ano após ano, através de certas práticas pedagógicas: a aprendizagem do sentimento de inferioridade, da submissão, a aprendizagem do "cada um por si", da competição, do respeito do *status quo*, da ordem estabelecida por outros, do medo, do conflito.

É fácil verificar como o comportamento pedagógico que reflete esses valores acaba por apagar a imaginação, frear a criatividade, por dividir e isolar os alunos, inculcando-lhes indiferença ou dependência. São valores que mal disfarçam o interesse em preservar e desenvolver a nossa sociedade industrial, que se alicerça sobre uma separação entre as tarefas intelectuais dirigentes, de um lado, e as tarefas mais humildes e de fácil execução, de outro. É desta "divisão social e técnica do trabalho" que resulta a divisão de nossa sociedade em classes. E a Escola também tem uma preocupação: fazer aparecer como normal e inevitável essa divisão da sociedade em classes, convencendo cada um da "justiça" do processo de seleção, do "serviço" que a Escola está prestando à sociedade – que, na realidade, é um serviço prestado exclusivamente à industrialização, à modernização, aos interesses econômicos do capitalismo. De fato, nessa Escola formam-se grupos dirigentes e uma parcela favorecida de mão de obra especializada, enquanto a grande maioria somente passa por ela, sem obter da educação (*sic*) formal instrumentos de ascensão social e humana: voltam submissos às tarefas onde a falta da capacidade crítica e de iniciativa (que lhes foram negadas) torna-os peças ajustadas do grande mecanismo capitalista.

A Escola se caracteriza, assim, como instituição que promove a melhoria da força de trabalho no esforço de contribuir para a reprodução do capital. Ocorre, porém, que as exigências desse esforço tendem a ampliar os contingentes dos que são gratificados com tal aperfeiçoamento. Daí, pela própria maneira como tal aperfeiçoamento se dá, a Escola (apesar dela) introduz elementos de oposição ao "modo capitalista de produção". E ainda conforme L. A. Cunha (6), "ao mesmo tempo que ela aumenta a competência técnica e teórica do trabalhador, opõe-se à divisão entre o saber (como força produtiva) e as relações de produção. Dessa maneira, a Escola contribui para acirrar os antagonismos entre a classe possuidora e a classe proletária, pois o ensino possibilita a apropriação coletiva do saber, ao passo que este, enquanto força produtiva, é reivindicado como propriedade exclusiva da burguesia.

"A Escola reflete, dessa maneira, em seu próprio seio, as contradições inerentes ao sistema capitalista: nascida dele, para sua manutenção, contribui ao mesmo tempo para seu enfraquecimento.

"Diante disso, o sistema só pode procurar defender-se da Escola pela limitação do acesso ao saber, pela instauração de barreiras à democratização do ensino, pela alteração do saber que a escola transmite, de modo a limitar seu poder sobre a estrutura socioeconômica."

É nessas condições que o sistema escolar, para preservar o tipo de sociedade prevalecente, acaba servindo-se de elementos que camuflam a própria realidade escolar. O domínio da política educacional estatal nunca pode dar-se pela violência, mas precisa criar meios para que os indivíduos das camadas socioeconômicas inferiores possam ter opções de escolha pelo menos aparentemente livres.

Dentro de cada momento do capitalismo, a nossa Escola assume diferentes formas: vai desde a total exclusão das classes dominadas (fracasso, reprovação, evasão) até a sua inclusão. Inclusão essa que se dá atualmente dentro do modelo liberal (igualdade de oportunidades para todos). Mas a forma que ela está tomando hoje não é senão o resultado provisório de um movimento contínuo de mudança. E as mudanças podem ter suas raízes em pequenas coisas, em pequenos gestos, em tentativas diversas que se defrontam muitas vezes com dificuldades, mas sempre deixam sua marca.

Tem-se consciência de que a mudança da escola supõe um esforço muito mais amplo de revisão geral das estruturas de poder. Mas "é importante perceber que a realidade social é transformável; que, feita pelos homens, pelos homens pode ser mudada; que não é algo intocável, um fado, uma sina, diante de que só houvesse um caminho: a acomodação a ela. É importante que a percepção ingênua da realidade vá cedendo seu lugar a uma percepção capaz de perceber-se; que o fatalismo vá sendo substituído por uma crítica esperança que pode mover os indivíduos a uma cada vez mais concreta ação em favor da mudança da sociedade.

"Poderá dizer-se que a mudança da percepção não é possível antes da mudança da estrutura, na razão mesma do seu condicionamento por esta.

"(...) A mudança da percepção da realidade pode dar-se 'antes' da transformação desta, se não se empresta ao termo 'antes' a significação de dimensão estagnada do tempo, com que lhe pode conotar a consciência ingênua.

"A significação do 'antes' aqui não é do sentido comum. O 'antes' aqui não significa um momento anterior que estivesse separado do outro por uma fronteira rígida. O 'antes', pelo contrário, faz parte do processo de transformação estrutural.

"Desta forma, a percepção da realidade distorcida pela ideologia dominante pode ser mudada, na medida em que, no 'hoje' em que se está verificando o antagonismo entre mudança e permanência, este antagonismo começa a se fazer um desafio.

"Esta mudança de percepção, que se dá na problematização de uma realidade conflitiva, implica num novo enfrentamento dos indivíduos com sua realidade. Implica numa 'apropriação' do contexto, numa inserção nele, num já não ficar 'aderido' a ele, num já não estar quase sob o tempo, mas nele.

"(...) O que opta pela mudança se empenha em desvelar a realidade. Trabalha *com*, jamais sobre os indivíduos, a quem considera sujeitos e não objetos, incidências de sua ação." (11)

Foi essa reflexão que me levou a dar uma resposta à análise de minha realidade cotidiana, pois, professora primária que sou, com uma experiência de 25 anos enraizada nas salas de aula, quis agora não só constatar, mas *fazer*: mudando, documentando e avaliando quatro meses do dia a dia de um trabalho direto *com* as crianças, *com* sua linguagem.

Foi pensando na relação existente entre língua e organização social, nas condições em que as diferenças linguísticas relacionáveis à origem social funcionam como campo de conflito (a escola é o campo privilegiado onde se cristaliza esse conflito linguístico), que escolhi como foco deste trabalho a valorização da linguagem da criança socialmente desfavorecida.

Um esforço para mudar algo que pode ser uma pequena ação mas que espero não ter sido inócuo. Foi o meu "viável histórico". Como diz ainda Paulo Freire (11), "o fato de que determinadas circunstâncias históricas em que se encontra o educador não lhe permitam participar mais ativamente deste ou daquele aspecto constitutivo do processo de transformação revolucionária de sua sociedade, não invalida um esforço menor em que esteja engajado, desde que este seja o esforço que lhe é historicamente viável".

Capítulo 1 **Aqueles alunos eram diferentes**

Inicialmente, este trabalho visava:
1) colocar em discussão minha própria prática de elaboração de atividades que desenvolvessem a "capacidade" de linguagem em crianças de 1.ªs séries do primeiro grau; uma revisão crítica dessa prática;
2) utilizar uma experiência real, de muitos anos, que venho acumulando em um contínuo e sucessivo trabalho com crianças de 3.ª série, na área de comunicação e expressão; fazer sobretudo com que a reflexão teórica e metodológica não se desligasse da situação efetiva e real da sala de aula nas escolas da rede estadual, nem de uma vivência pessoal que tem alimentado minha atitude e o exercício do meu magistério;
3) tomar como foco da análise os problemas advindos da imposição da norma (padrão) culta às atividades da linguagem, nessas séries, e o seu reflexo na criatividade em textos escritos.

Supunha mesmo, de início, a possibilidade de trabalhar com duas classes distintas nessa área da comunicação e expressão; disporia de condição para o uso de determinados instrumentos de levantamento de dados e avaliação com grupos de controle.

No entanto, foi-me designada uma só classe, e de tal modo caracterizada que logo se determinaram profundas alterações no projeto e, sobretudo, nas atitudes e decisões de professora, que nesse ponto suplantavam qualquer imagem de pesquisadora que eu fizesse de mim.

Quero esclarecer que era professora da E.E.P.G. Agr. "Dr. Antônio Carlos de Couto Barros", situada na Vila Santana, distrito de Sousas, distante 9 km de Campinas. O Conjunto Habitacional da Vila Santana, construído pela Cohab, abriga famílias de renda baixa. A desqualificação profissional e o consequente subemprego estão seguramente entre as causas do baixo nível de renda familiar. A grande maioria dos habitantes da Vila pertence ao estrato inferior; e a minoria, ao estrato médio inferior.

Pelas peculiaridades que logo se indicarão, impunha-se um longo período em que, para a linguagem, eu e os alunos nos tornássemos *interlocutores* reais uns dos outros. Sem esse espaço de interlocução, em condições de efetiva interação pessoal (mais que formal ou "institucional"), como pensar a linguagem?

De fato, a classe logo se mostrou como uma autêntica "classe de rebotalhos", tão relegada pelos professores.

O histórico escolar anterior dessa classe revelou que, de dezesseis alunos, onze já tinham enfrentado o "fantasma da reprovação" e, o que era ainda pior, durante a sua curta vida escolar, a maioria passou por uma fileira de pelo menos seis professores diferentes.

Qualquer leigo podia constatar a confusão criada na cabecinha dessas crianças, assim como um sentimento de autodesvalorização, porque, na verdade, esses alunos foram rejeitados por serem "mais fracos" ou "indisciplinados" ou por terem "problemas mentais". Eles aceitavam essa realidade, pois, na escola, isso também já lhes tinha sido incutido desde o início: cada qual tem o que merece, de acordo com seu mérito pessoal. Entretanto essa aceitação da lei da escola não foi, como pude notar, uma aceitação passiva: as crianças se preveniam e agiam segundo as expectativas que deveríamos ter de seu comportamento como "mau" aluno.

Como tão bem diz Liliane Lurçat, "a autodesvalorização torna-se um modo de reação persistente que a criança transporta de uma turma para outra. Além disso, na escola, certas crianças possuem uma fama que as precede e persegue, ou que pode até mesmo vir de irmãos mais velhos cuja passagem não foi apreciada.

"(...) A desvalorização atinge o indivíduo de forma íntima, na imagem que tem de si. Por isso frequentemente é eficaz para alguns, permitindo que se desenvolvam comportamentos de submissão. Na idade adulta, o indivíduo desvalorizado em sua infância julga frequentemente que tem o que merece, o que é capaz de ter: ele mesmo forjou sua sorte, com suas magras capacidades.

"Para que a desvalorização, golpe direto na dignidade da criança, seja vivida como tal, é preciso que aquele que a sofre reconheça nela sua natureza opressiva. A desvalorização é uma forma sutil de opressão. A opressão engendra a revolta e isso é válido também para a escola. Vivida como opressão, a desvalorização pode engendrar o ressentimento. O ressentimento acumulado contra aqueles que põem sistematicamente em destaque os lados mais fracos do outro, que o ridicularizam aos olhos dos demais e que o desprezam, transforma-se em ódio."

Eis então uma das causas da revolta que pude observar entre a quase totalidade dos alunos da classe. As crianças manifestavam essa revolta atirando objetos, mostrando-se agressivas ou sacudindo os ombros, tornando-se indiferentes e inibidas, recusando-se a responder ou questionar.

Na verdade se sentiam distantes, esquecidas dos professores, a não ser quando tornadas objeto de repreensão ou "sacos de pancada" (na expressão delas).

Estava ali não o espaço arranjado para um experimento educacional, mas a realidade concreta na qual tinha que agir: aquela que tão bem Paulo Freire (13) definiu como "algo mais que fatos ou dados tomados mais ou menos em si mesmos. Mas todos esses fatos e todos esses dados e mais a percepção que deles esteja tendo a população neles envolvida".

Uma realidade, não para a observação passiva dos olhos, mas para ser transformada.

Aqueles alunos não eram iguais. Eram "selecionados", acomodados ao insucesso escolar e marcados como alunos-problema. Não poderia pensar só em controlar o grupo e fazê-lo objeto de meu trabalho, pois controlar simplesmente aquelas crianças significaria reprimi-las novamente, e, como consequência, o trabalho ou o programa "seria cumprido" com uma gritante diferença de qualidade e quantidade em relação à outra 3.ª série. O que a Escola estava dando para aqueles alunos não era o suficiente. Não podia mudar a escola, mas o modo de agir, a maneira de relacionar-me com os pais e as crianças, os objetivos do trabalho, a maneira de enfocar o conteúdo, tudo isso poderia e teria que ser conformado àquela realidade singular.

É porque acredito que a escola única "é parte inseparável do ideal democrático que faz sentido denunciar as diferenças existentes como efeitos da seletividade do ensino. Podemos aceitá-las estrategicamente como o momento necessário de um processo de expansão quantitativa do ensino. Mas nossa ação deve ser no sentido de diminuí-las, não de legitimá-las" (23).

Dentro destas considerações, achei que era de grande importância a minha ação junto àquelas crianças para ajudá-las a ser de determinada maneira, para ajudá-las a descobrir e viver valores, pois não acredito ser possível educar a não ser partindo de certos valores, partindo de perguntas como: Que qualidades vou incentivar nas crianças? Quais os horizontes que preciso abrir-lhes a fim de ajudá-las a verem as contradições que possam existir em suas opiniões; para colocar-lhes questões; para fornecer-lhes dados esclarecedores? Que meta poderia ajudá-las a descobrir? Qual a atitude constante que teria que assumir perante a classe para que as crianças começassem a autovalorizar-se, sentindo-se como indivíduos que também merecem respeito?

Para oferecer respostas adequadas a essas questões, respeitando-se a situação peculiar de desnível da classe, certamente não poderia adotar pura e simplesmente uma redução dos objetivos e das exigências. Isso significaria pressupor que essas crianças deveriam, por princípio, ter reduzidas suas expectativas de formação. Adaptar o trabalho às condições da classe, ou adequar as atividades ao nível da classe, não significa dar aos alunos apenas uma parte, e sim inventar maneiras de ensinar-lhes tudo: de outro jeito, em outra sequência, com outro ritmo, organizando e reorganizando o material conforme suas respostas, sempre que fosse preciso.

Essa tarefa ultrapassa certamente os esforços desenvolvidos em um período escolar, mas vale a pena, como contribuição parcial a um desejável acúmulo de experiências, relatar como tentei cumpri-la.

O "clima" da classe

Vou desenvolver apenas detalhes importantes e significativos das atividades, cujas características contribuíram para mostrar onde os alunos estavam, os sistemas que eles já tinham dominado, o que iam alcançando, como me vinculava às crianças, que tipo de relação já começava a estabelecer com elas.

Desses contatos iniciais nasceu o "clima" da classe, que orientou as mudanças no trabalho e as adaptações às circunstâncias no decorrer de toda sua execução.

O primeiro contato com os alunos foi um monólogo em que me apresentei, falei do tempo em que trabalhava na Vila, do pessoal que conhecia lá, algumas experiências interessantes com crianças daquele local:

– *Gostaria de saber o nome de todos vocês. Quero que me digam como faço para logo saber quem é quem.*

Um silêncio constrangido, entremeado de risadinhas medrosas, foi de súbito interrompido por inúmeros alunos gritando e dando sugestões ao mesmo tempo. Sugeri que um de cada vez apresentasse sua opinião à classe.

Um aluno logo sobressaiu falando muito alto.

– *Cada um fala seu nome pra dona!*

Do fundo da classe uma menina gritou:

> – *Nem boa é essa ideia, seu bosta!*
> – *Sua fia da puta, bosta sua mãe!*

Não houve nenhum tempo de intervir e ordenar o "diálogo".

Fui surpreendida pelos alunos e devo confessar que a situação me era desagradável e a resposta à primeira aproximação desorientante. O fato é que já estava nela. Como agir? Reprimir ou punir como primeira alternativa certamente não favoreceria a criação de um clima predispondo ao surgimento de relações amistosas entre professora e alunos. Além do mais, o objetivo inicial que me fixara era o estabelecimento de relativa autonomia, para facilitar aos alunos envolver-se eles mesmos no processo de orientar sua própria aprendizagem.

Seria contraditório punir, pois punir significaria ignorar as influências externas que levaram aquelas crianças a se manifestar como o fizeram.

Bem sei que expressões como aquelas são comuns e fazem parte da linguagem e da vida daquelas crianças, em casa e entre os companheiros.

Por outro lado, independentemente de qualquer valor que associasse às expressões dos alunos, o comportamento deles era obviamente negativo à formação de uma situação harmoniosa para o diálogo, à interação recíproca. Aí estava o primeiro aspecto a modificar e refazer.

Deveria levar mais em consideração a rivalidade entre as duas crianças do que as expressões usadas para exprimi-la.

Então falei firme, cortando qualquer possibilidade de continuação da disputa:

> – *Acho que a classe não está interessada em ouvir briguinhas entre colegas.*

E dirigindo-me ao menino:

> – *É, essa é uma ideia, mas eu gostaria de ter outras!*

Logo apareceram mais opiniões que foram colocadas na lousa, das quais surgiu uma brincadeira que se transformou improvisadamente na atividade inicial dos alunos.

Cada um voltava-se para o colega mais próximo:

– *Quem é você?*

O colega respondia e fazia a mesma pergunta ao outro e assim sucessivamente até o último aluno.

Assim começaram nossos primeiros contatos integrativos, não só meu com as crianças, mas das crianças entre si. Estas iam começando a exibir uma certa espontaneidade, querendo falar mais de si, de suas casas, dos professores que tiveram.

Uma primeira "lição" que me sobra é a de que o importante é *intervir para alterar e reorientar o processo de interação* na sala de aula. Essa intervenção não precisa ser negativa ou repressiva, mas positiva e ativa, de participação e coordenação. *Punir ou repreender podia certamente alterar o processo, mas ir além disso seria esvaziá-lo, paralisá-lo.*

Observem-se, também, a função e as condições do "improviso". Se o professor efetivamente se integra entre os alunos, ele acaba por desenvolver uma certa sensibilidade para estimular uma atividade improvisada que nasce deles. O importante aqui é que a atividade improvisada substitua a "planejada" e os mesmos objetivos sejam alcançados. Mais espontânea, mais lúdica, perde o caráter mecânico e simulado de "atividade escolar" para ser um momento da vida real das crianças.

Para a comunicação escrita, pedi que as crianças preenchessem cuidadosamente uma ficha de informação. Essa ficha informativa teve como principal finalidade o levantamento do nível socioeconômico dos alunos da classe.

O contato com os pais e mais um questionário oral feito a eles vieram clarificar certas respostas dos alunos, tornando-as fidedignas.

Ficha informativa
1) – Meu nome é ....

2) – Nasci no dia .... do mês .... do ano ....
3) – Tenho .... anos
4) – Nome dos meus pais ....e ....
5) – Tenho .... irmãos
6) – Papai trabalha ....
7) – Mamãe trabalha ....
8) – A casa onde moramos tem .... cômodos e pertence a ....

Feito o levantamento, constatou-se que todos os dezesseis alunos da 3.ª série A, distribuídos segundo os níveis ocupacionais dos pais (Hutchinson, 1960), pertenciam ao estrato inferior.

O comentário sobre o preenchimento da ficha informativa foi motivo para uma nova atividade de comunicação oral: o dia do nascimento das crianças e as estações do ano que a ele correspondiam; a valorização das profissões em que os pais trabalhavam; a valorização do trabalho das crianças ajudando os pais.

O fato de os alunos já estarem na 3.ª série e serem capazes de ler e escrever levou-me a questioná-los sobre o que gostariam de escrever, sondando seus interesses.

Um certo alarido povoou a classe durante toda a atividade, mas sempre prefiro esse bulício à passividade. Compartilho da ideia de que a "disciplina" não é sinônimo de silêncio, mas é "sinônimo de trabalho, diálogo, camaradagem, afeto e respeito mútuo" (24).

O alarido e o bulício eram parte e não empecilhos dessa disciplina entendida como condições de trabalho. Como imaginar diferentemente a atividade viva de crianças de 9 a 12 anos?

A atividade escrita veio a seguir:

– Pense um pouco e responda as perguntas abaixo:
1) – Você gosta de escrever?
2) – Por quê?
3) – O que gostaria de aprender na 3.ª série?
4) – Invente uma estorinha.
5) – Para que serve a escrita para você?

Convenci-me, a partir dessas primeiras observações da classe e das características dos alunos, de que não devia estabelecer outro objetivo inicial senão o de associar-me verdadeiramente aos meus alunos, aproximar-me deles e aproximá-los de mim, criar um espaço de interação efetiva para que passassem a agir de modo espontâneo e criativo. Era mais importante retirar das atividades de sala de aula o seu caráter compulsório e artificial, mudar a atitude agressiva e negativa que os alunos desenvolveram no longo período em que foram desvalorizados, repreendidos e reprimidos.

Confiei, inicialmente, na capacidade de improvisar: uma atividade planejada poderia interessar aquele tipo de alunos? Assim, no outro dia, uma manhã quente, encontrei os alunos abanando-se furiosamente com cadernos, folhas, as mãos. Foi o sinal para passarmos todos a estudar o que é que eles manifestavam pelo seu comportamento, como cada um se expressava e se comunicava com os outros não somente pela linguagem, mas ainda pelos gestos.

A aula se transformou em um jogo de mímica: cada aluno combinava comigo (coordenando) coisas para "dizer" à classe. Os outros disputavam entre si a interpretação. Pouco a pouco, num ambiente de brincadeira, as crianças chegaram a várias conclusões:

a) uma mesma "mímica" ou encenação com gestos podia ser interpretada de várias maneiras, conforme as situações que cada intérprete associava a ela; a comunicação por gestos, em um grupo não treinado especificamente para isso, não era muito segura;

b) diversas questões (como "qual é a cor do seu tênis?"; "o cachorro do Maurício é esperto?"; "vamos comer polenta no jantar?") não puderam ser expressas convenientemente pelos gestos;

c) na sociedade em que vivem, a linguagem oral é o instrumento básico de comunicação, seja quanto for a contribuição dos gestos para ela.

Foi então que julguei dispor de ambiente adequado para discutir com eles o resultado do questionário que lhes havia passado no dia anterior (cf. p. 8):

– Vocês não estavam presentes lá em minha casa quando eu estava lendo os questionários. Mas vocês estavam comunicando muita coisa quando responderam às questões; por exemplo, sabem o que a maioria gostaria de aprender a escrever na terceira série? Estorinhas. Quase todos os alunos responderam que gostariam de aprender a escrever estorinhas. E tenho certeza de que vão conseguir.

Assim, partindo de um objetivo fixado pelo próprio grupo, já recebendo e depositando maior confiança nas crianças, pude aumentar os contatos amistosos para obter cada vez maior espontaneidade, iniciativa, contribuições voluntárias por parte de alunos que me pareceram, antes, tão rebeldes e indiferentes. De fato, pude trabalhar intensamente junto a dezesseis das vinte crianças com que comecei a 3.ª série. Dessas, três foram transferidas por mudança e um aluno não conseguiu avançar um mínimo passo sequer no trabalho de elaboração de textos que pretendia organizar com a classe. E antes de passar a uma análise e diagnóstico da situação dos alunos, no que se relaciona especificamente à sua redação, desejo fazer um parêntese com esse caso individual.

Esse aluno é capaz de ler, mas, quando escreve, não consegue concatenar as sílabas, e as palavras ficam quase todas incompreensíveis.

Nosso relacionamento não podia ser melhor: incentivei-o bastante e fiz de tudo para que sua "deficiência" não fosse muito notada pela classe. Tomava parte em todas as atividades de comunicação oral; na comunicação escrita, não deixei de elogiar as palavras que conseguia escrever por completo e a ordem que tentava manter no caderno.

Mas não consegui igualá-lo aos colegas. Estive a questionar-me: estaria diante de um caso patológico? Seria uma criança a mais para engrossar as fileiras dos "léxicos-disortográficos" ou dos "disgráficos"? Ou suas dificuldades escolares teriam explicações psicogenéticas? (Soube que sua irmã apresentava problema semelhante e sua mãe não conseguiu ser alfabetizada.)

O importante seria que as respostas a essas questões não fossem somente parar num arquivo ou numa tese de mestrado, mas correspondessem a medidas efetivas a serem tomadas em favor do menino. Não se podia querer que continuasse a vegetar durante mais e mais anos nos bancos da mesma turma, ou avançasse "por antiguidade" sem ter, por isso, obtido nenhuma melhoria em seu comportamento e conhecimento.

Entretanto, esbarrei logo com grandes dificuldades causadas pela ausência de um psicólogo na escola, pela inexistência de serviços especializados, pela desinformação da mãe que mostrou mesmo um certo conformismo: "si ele conseguisse pelo menos tirá um diproma do quarto ano já tava bão".

Vale a pena lembrar que as dificuldades escolares das dezesseis crianças de minha classe e seus "problemas de comportamento" tinham muitas vezes sido caracterizados como de caráter "patológico". Discordo inteiramente disso. E, assim, o caso desse aluno, trato-o também com certa reserva e prudência. "Na situação atual, caracterizada pela frequência desmesurada tanto das dificuldades quanto do fracasso escolar, torna-se impossível distinguir as crianças cujas dificuldades revelam fatores extraescolares, de ordem patológica individual (disfunções instrumentais, problemas de relação), daquelas cujos problemas são criados ou acentuados pelo sistema escolar e pela defasagem existente entre a escola e tudo o que constitui, além disso, a vida de inúmeras crianças. Torna-se evidente que aquilo que, até agora, levou as crianças a um atendimento ou a uma turma especial por dificuldades escolares não era, na maioria dos casos, o fato de que suas dificuldades fossem mais graves do que as de muitos outros que fossem doentes, enquanto que os outros eram normais, mas sim diferentes fatores aleatórios: presença ou ausência de um psicólogo na escola, ansiedade e informação dos pais, limite de tolerância e ideologia do professor, interesse que este sente pela criança, existência de serviços de turmas ou de estabelecimentos especializados disponíveis. De fato, se crianças que são acolhidas por instituições ou por pessoal especializado revelam problemas referentes em sua maioria à patologia individual, elas apenas testemunham a função seletiva da escola, de que são o produto inevitável. É legítimo procurar os mecanismos psicológicos através dos quais se forma o fracasso escolar, mas, primeiro, é preciso tomar consciência de sua significação em relação à política escolar geral." (30)

Infelizmente, nas condições de trabalho da rede escolar do Estado, e dadas as evidentes limitações de nossa formação de professora, não foi possível distinguir, no caso particular daquele menino, entre tantos e tão heterogêneos fatores. Nem foi possível encontrar procedimentos e atividades especiais que me permitissem falar hoje de algum progresso dele. O máximo que se pôde fazer foi integrá-lo ao grupo, valorizar sua participação em toda atividade que não envolvesse a produção de texto escrito, envolvê-lo no mesmo ambiente afetuoso, sem puni-lo por deficiências que se deveriam poder minorar.

Com o relato desse caso particular, completo as informações relevantes para caracterizar "o clima" geral da classe. Resta, agora, oferecer uma análise das primeiras redações produzidas pelas crianças. Essa análise permitirá estabelecer um diagnóstico de seu comportamento específico na atividade de produção de texto e dos problemas que enfrentam com a linguagem escrita. Ao mesmo tempo, oferece uma base para a comparação final dos resultados dos processos em que fomos, eu e os alunos, envolvidos durante os quatro meses de trabalho no primeiro semestre.

O que e como escreviam meus alunos

Para análise das primeiras redações das crianças, servi-me de critérios práticos. Em vez de enumerá-los aqui, prefiro ir refazendo essa análise passo a passo, procurando colocar em evidência os aspectos que me pareceram mais relevantes para os propósitos pedagógicos. A atitude que solicito a quem me acompanhe nesse estudo é a de não se situar diante do trabalho como se os objetivos fossem os de uma análise linguística ou de uma análise do discurso. Não possuo formação suficiente nessa área para avançar além de um certo plano prático. Espero fornecer somente indicações para quem melhor do que eu possa fazer esse estudo.

A primeira impressão que as redações causam (ver pp. 28 ss.) é a de que os textos foram produzidos com fragmentos de memórias de estorinhas ouvidas ou lidas em livros didáticos. Não possuiriam nenhum esquema organizador. As orações se reuniriam em sequências ordenadas pela cronologia dos fatos, agrupando-se porém em parágrafos ou períodos de modo inteiramente arbitrário. Não é bem assim, no entanto. Embora curtas e pouco criativas, as redações apresentam certos esquemas de construção e certos modos de coesão interna. E é importante que sejam identificados.

Vou transcrever aqui duas estorinhas curtas, para exemplificar. Ambas se constituem em dois blocos de orações:

> (1) "Eu e o meu golega fomos pescar no riu comesou a puxar e ele viu e puxou e o ansol enroscou e ele subiu na arvore para denherosça e o ansol caio dreto do riu.
> Eu tinha 50 cruzeiros e ele foi conpar ansol para por o ansol na linha e o ansol dele enrosco no meu e a linha dele caiu e ele foi cata e cai norio." (Red. II.)

> (2) "Era uma vez eu tinha um pintinho ele era muito bonito ele era agostumado comigo a onde eu ia ele ia atraz ele era meu. Um dia minha tia estava na minha casa e estava aquela correria e o meu irmão pisou nele e ele moreu eu fiquei muito triste." (Red. IX.)

No exemplo 1 o texto se organiza em duas sequências de eventos. Cada parágrafo começa pela narração de alguns fatos que condicionam o aparecimento de um problema central; segue-se um esforço para solução (que é um final desastroso, tão ao gosto das crianças). O problema que centraliza os dois parágrafos é o fato de o anzol enroscar ("o ansol enroscou" ou o "ansol dele enrosco no meu e a linha dele caiu"). No primeiro parágrafo, o esforço para "denherosça" o anzol fá-lo cair "dreto do riu", o que abre a perspectiva da segunda série de acontecimento do segundo parágrafo. Assim, nem a divisão de parágrafos é totalmente arbitrária nem as estorinhas deixam de possuir uma certa forma de organização, cada uma delas, é claro, diferente.

Como nesse exemplo 1, porém, os parágrafos que formam o núcleo da estória, isto é, os que se destinam a relatar acontecimentos sucessivos, são organizados pela regra simples de "um fato puxa o outro", mesmo que isso leve o leitor a perder o fôlego pela continuidade das orações sem qualquer sinal demarcativo de fim de unidade. (Veja adiante o exemplo 9.)

O exemplo 2 apresenta o esquema mais seguido. Toda uma sequência inicial, maior ou menor, constitui uma apresentação da personagem, suas características, seja por qualificativos, seja por um estado ou fato peculiar. Essa apresentação se anuncia pela expressão "era uma vez" (oito vezes em dezesseis relações).

Uma segunda parte é constituída de uma sequência de acontecimentos, quase sempre na forma do exemplo 1, em um ou dois parágrafos. Também neste caso, a criança se utiliza de um código de abertura: "Um dia...". Na maioria dos casos, abrevia-se a apresentação (ver pp. 28 ss.). Outras vezes, como nos exemplos 2 e 3, apresentação e série de acontecimentos se equilibram em extensão e interesse.

> (3) "Era uma vez um cachorinho chamado rex.
> Ele é branco pintadinho de maron.
> Ele tem sua casinha e ele come aros, carne
> e bebe leite, o agua.
> Rex é meu companheiro.
> Eu cuido dele desde que ele nasceu.
> Eu e rex somos muitos amigos.
> De manhã ele vem corendo me dar bom-dia.
> Um dia rex estava briabando com um gato.
> Eu fiquei bravo com ele.
> Um certo dia eu e rex fomos passear.
> E o mesmo gato estava lá.
> Rex nem ligou e os dois ficaram muitos amigos.
> E sempre foram muitos amigos.
> E eu gostei muito que eles ficaram amigos." (Red. VI.)

Nesse exemplo 3, já se pode ver a terceira parte dessa organização simples da estorinha. Geralmente se acrescenta ao relato uma "coda" em *gran finale*:

(4) "...*e* ele moreu eu fiquei muito triste." (Red. IX.)
(5) "E assim acabou a estória do cachorrinho." (Red. XI.)
(6) "Depos que ele moreu minha casa ficou muito triste." (Red. XV.)

Como no caso das outras partes do texto, esse final se constrói sobre um clichê e possui sua marca de início (de um modo geral um "e" que expressa um valor terminativo como em "E acabou-se a estória e morreu a vitória").

As crianças, pois, se comportam como respondendo a uma certa exigência de organização do texto. Contar uma estorinha (ou redigir um texto), em uma situação escolar, corresponde a preencher, de algum modo, um esquema estereotipado pelos adultos. Por um lado, essa atitude perante o trabalho escolar permanece por longo tempo. Cláudia Lemos (19) mostra bem, analisando trabalhos de estudantes universitários nas provas de vestibular, como as redações se compõem pelo preenchimento, com um conteúdo qualquer, desses estereótipos. E já deve merecer atenção esse problema quando se reencontra, consideradas as diferentes condições, em crianças que apenas se iniciam na "arte de contar" por escrito. Por outro lado seria importante investigar as fontes desses estereótipos. Está além dos propósitos deste trabalho avançar nesse caminho. Mas, a partir de uma observação intuitiva, posso pensar em duas hipóteses. Uma delas, o hábito que tem o adulto (e os professores) de "falar" às crianças segundo uma imagem que fazem delas como incapazes de compreender um texto não esquemático. Isso cria um "jeito" de contar estórias: "Era uma vez um não sei o quê... Um dia aconteceu isto e aquilo. Então, moral da estória, ...". Sírio Possenti (28) chama a atenção para esse tipo de comportamento linguístico do adulto em suas relações com as crianças. Outra hipótese, a de que o estereótipo se forma a partir dos próprios livros didáticos. Na verdade, podem combinar-se as duas porque, de um modo geral, o livro didático reproduz o mesmo comportamento do adulto a que me referi.

Para concluir estas observações sobre a estrutura geral das estorinhas das crianças, preciso dizer que nem sempre a ordenação sequencial dos acontecimentos é coerente e conexa. Bastam dois exemplos:

> (7) "Era uma vez um cão aí no mesmo instante um coelho ladrão viu cenouras..." (Red. I.)
>
> (8) "Um dia bem bonito uma raposa feliz encontrou um coelhinho amarelo ela ficou mais feliz porque tem agora um amigo perto dela para fazer que a raposa pidir muito filiz a raposa falou pro coelho assim..." (Red. XVI.)

Passo a analisar agora o modo com que as crianças constroem os "parágrafos" ou "período". Na verdade, antes de chamar "período" (um conjunto de orações composto por coordenação ou subordinação, assinalado graficamente por um ponto-final), poderia se falar mais de "blocos de orações", muitas das quais meramente justapostas, e que as crianças fazem coincidir normalmente com os parágrafos na disposição gráfica do texto. O caso mais representativo é o exemplo que se segue:

> (9) "Era uma vez uma menina chamada chapeuzinho vermelho e a sua mãe que chamava Maria.
> Chapeuzinho vermelho estava apanhando flores sua mãe chamou.
> Chapeuzinho vermelho o que é mamãe vai levar doces à vovózinha está bom mamãe mais não vá pelo caminho da floresta chapeuzinho vermelho vai pelo caminho do riu estabem mamãe mais como chapeuzinho vermelho era muito sapeca foi pelo caminho da floresta e la encontrou o lobo mau ele finguise que ele machucou a perna ele enguliu a menina a vovozinha depois os casadores mataram o lobo mau e tirou a vovozinha e a menina eles ficaram muito agradecido as." (Red. VIII.)

Há um problema óbvio de aprendizado dos sinais de pontuação. Mas não se trata somente de pontuação. Há algumas razões de pensar que a criança compõe assim um bloco de expressões correlacionadas cuja coesão é assegurada por "e... e... e..." ou "ele... ele... ele...". No primeiro caso é mais óbvia a natureza conectiva (ou "continuativa") da conjunção. Para não multiplicar muito os exemplos, revejam 1 e 2. No segundo caso trata-se de elementos anafóricos, isto é, que relacionam expressões do enunciado em que estão com elementos anteriores no discurso; desse modo as orações se ligam pela relação anafórica que se estabelece entre elementos comuns: em outros termos, as duas orações "falam" de um certo modo dos mesmos elementos. Outras expressões que são usadas com o mesmo valor são "assim", "aí", etc. Vale a pena indicar mais dois exemplos muito reveladores desse uso do anafórico:

> (10) "Um dia *ele* achou um minhoquinha *e* a pata falou me da esta minhoca *e ele* com medo que a mãe *dele* batia *nele e* um dia *ele* ficou bonhente (doente) *e ele* moreu." (Red. XIV.)

> (11) "*Ela* se aproximouse *e* cheirou a fror *Ela* desmaiou Quando acordou *ela* avoou mas *ela* não cosseguio avoar alto.
> *Ela* consuntou um medico *e ele* disse para fazer muito exercícios *Ela* tentou mais nada adiantou. Ela foi consultar outro medico *e ele* disse que tinha de ir na montanha a fror da alegria ela foi..." (Red. III.)

O exemplo anterior já mostra um dos outros recursos para estabelecer uma certa coesão no texto, nem sempre garantida somente pela coordenativa "e" e pelo uso de relações anafóricas: a repetição. Em várias redações se encontra uma forma de paralelismo (tão ligado a todo exercício inicial de redigir) como o que se faz entre as expressões iniciais dos dois últimos parágrafos:

> "Ela consuntou um médico e ele disse..."
> "Ela foi consultar outro médico e ele disse..."

Veja-se, a propósito, o exemplo 1, composto por dois parágrafos de estruturas paralelas que já descrevemos.

Às vezes, a repetição corresponde a uma espécie de "retomada" de uma expressão anterior que oferece a base para a continuidade do discurso e que foi deixada para trás pela intercalação de uma outra expressão; na leitura, as expressões repetidas têm até uma entoação especial:

(12) "Um dia *ela voi pasear na jadim* em con tou uma for muito boninta *ela a abelhina foi lá* e chupou a flor e derrepente *desmaio* porque a flor era venenosa ela *desmaio* e a senhora borboleta passou e viu a abelhina desmaiada *e viu* e chamou o medico." (Red. X.)

Essas repetições que "retomam o fio da meada" têm também uma clara função anafórica, e por isso aparecem reduzidas e simplificadas ("Um dia ela voi pasear na jadim..." – "...ela foi lá..."; "...e viu a abelhina desmaiada..." – "...e viu...").

Para encerrar este inventário de recursos coesivos que de um certo modo "estruturam" os parágrafos das crianças, deixem-me ainda apontar outros dois. O primeiro somente exemplifico, sem maiores comentários. Trata-se de uma substituição da coordenativa "e" por "aí" que, embora apareça em uma só redação, logo se mostrou bastante frequente entre os alunos:

(13) "Era uma vez um cão *aí* no mesmo instante um coelho ladrão viu cenouras e foi roubar *aí* o cão viu e latiu muito *aí* o dono solto correu, correu e *aí* o coelho passou a cerca..." (Red. I.)

No caso do segundo modo, o artigo de Sírio Possenti, estudando diferenças no uso da anáfora e de repetições em diferentes discursos, em uma passagem particular se refere ao uso de repetições em textos escritos para crianças como em:

(14) "Era uma vez um homem que tinha *uma galinha*. Era *uma galinha* como as outras. Um dia *a galinha* botou um ovo de ouro. (...) E a *mulher* começou tratando bem *da galinha*. Todos os dias a *mulher* dava mingau para *a galinha*. (...) E *a galinha* todos os dias botava um ovo de ouro."

O comentário que ele faz levanta a hipótese de que os estereótipos formais encontrados nas estorinhas das crianças derivam do uso pelo adulto de uma "linguagem infantil", consequência da "imagem" que o autor da estorinha faz da criança e da sua capacidade de exercício da linguagem.

O que Sírio Possenti comenta nesse exemplo "é a repetição contínua de *a galinha* e *a mulher*. (Há outros mecanismos, pois não se trata, evidentemente, de um texto composto através de uma única estratégia, mas a repetição é notoriamente dominante.) Por que não sua substituição por anafóricos ou, pura e simplesmente, sua elipse (há um caso, mas poderia haver mais)? Minha hipótese provisória é a mesma. A autora quer que a criança 'entenda perfeitamente' e imagina que pela repetição esta tarefa lhe será facilitada. (É muito comum que autores de literatura infantil façam de seu público imagem de pequenos idiotas; isso se verifica facilmente nas temáticas e na linguagem. É uma questão de imagem não necessariamente correta, mas extremamente produtiva".

Ora, uma das redações parece mostrar bem como essa linguagem estereotipada é assimilada pelas crianças. É como se a criança aceitasse a imagem que o adulto vende dela mesma e a adotasse como base para a construção de seu próprio texto. O recurso à anáfora como procedimento de coesão textual é substituído inteiramente por repetições, na forma do exemplo 15:

(15) "ã... ã... ã...
Desde manhã *bebe* está chorando sua irmã Rita fala *bebê* você quer maça *Bebe* olho e começou
ã... ã... ã...
....
Eu quero o colo da mamãe *bebê* não é bobo." (Red. XIII.)

Os exemplos utilizados nesta descrição sumária (e uma rápida leitura das estorinhas das crianças) já são suficientes para mostrar que, do ponto de vista sintático, as crianças compõem suas redações com recurso sobretudo na mera justaposição ou coordenação. Para se ter um índice geral dessa peculiaridade basta observar que relações de coordenação (justaposições, aditivas, adversativas) foram utilizadas em 72,42%, calculadas sobre o número das conexões entre orações. As orações tradicionalmente consideradas subordinadas temporais e causais, introduzidas por "porque" e "quando", na verdade, mantêm a independência das duas estruturas oracionais correlacionadas: alguns as consideram como relações coordenativas. Se adotássemos esse ponto de vista, o total das coordenações chegaria a 81,38% (ver na p. 128 os dados resumidos relativos às primeiras redações).

É óbvio que não estou considerando que a construção de textos inteiros mediante mera justaposição ou coordenação é um sinal negativo em si mesmo a respeito da capacidade de redigir. Autores que dominam com grande habilidade o manuseio dos mais diferentes recursos expressivos da língua podem optar por um determinado tipo de composição em lugar de outro, para atender a certos propósitos e obter certo efeito estilístico qualquer. O problema com os alunos é que eles não demonstram estar exercendo uma opção entre vários processos de construção do texto, mas adotando aquele que é o único de que dispõem na atividade escrita. Os alunos sabem fazer assim, e não de outro jeito.

Todos os dados de observação utilizados na descrição anterior indicam que os alunos não possuem, no exercício da escrita, um bom nível de "flexibilidade linguística". Essa noção tem sido utilizada para caracterizar a capacidade do aluno em fazer variar o tipo de orações empregadas em seu texto (15).

Levou-se em conta a tendência a utilizar excessivamente uma mesma classe de orações (como é o caso das primeiras redações dos alunos).

Procurei, porém, ir um pouco além dessa noção meramente quantitativa de flexibilidade. Na verdade, a descrição da estrutura das estorinhas, dos modos de coesão interna desses textos, e mesmo os índices relativos aos tipos de oração utilizados têm, para mim, uma função mais descritiva; não estou propensa, como observei na introdução, a aceitar tais elementos como "critérios de medida". Mesmo porque desconfio do papel e da relevância desses critérios em geral como índices exclusivos de criatividade. O aluno pode variar os modos de abordagem de um tema – variar o modo de caracterizar as personagens, o modo de ordenar temporalmente os eventos, o modo de estabelecer conflitos e imaginar soluções, o modo de marcar linguisticamente a natureza e o papel das unidades discursivas; enfim, em um só termo, o modo de estruturar o seu texto sem necessariamente fazer variar as classes das expressões utilizadas. É da consideração desses aspectos mais variados que eu posso situar os meus alunos em um grau relativamente baixo de flexibilidade sem, necessariamente, precisar estabelecer uma escala e definir um índice numérico para esse grau.

Os alunos compuseram uma média de 13,75 orações por estorinha, em uma média de quatro períodos. Se excluirmos os casos excepcionais das redações III, VI e XII, essa média cai respectivamente para 12,23 e 2,69. A capacidade de produzir um número maior ou menor de orações tem sido associada a uma maior ou menor "fluência linguística". Algumas vezes, simplesmente se contam as orações produzidas na elaboração de um texto, na execução de uma atividade determinada; outras, se estabelece um período de tempo dado como limite para a atividade-resposta. A fluência linguística assim entendida seria um outro índice de criatividade. Na verdade, para utilizar esses dados com esse valor, eu ainda necessitaria estabelecer uma média-padrão por algum critério adequado, tomado como base de comparação.

Não me interessei por estabelecer esse tipo de avaliação. E, além das razões que ofereci acima ao falar da flexibilidade linguística, há ainda outra razão para esse desinteresse. Observei que a mera construção de um certo número de orações dificilmente pode servir de bom sintoma de fluência linguística sem uma análise complementar. De fato, se compararmos o exemplo 16 com o exemplo 17, veremos logo que o número de orações como índice de fluência linguística depende muito de sua complexidade; a única oração de 17 exige certamente muito maior domínio dos recursos expressivos da língua que as cinco orações de 16:

(16) "Eu e o meu golega fomos pescar no riu comesou a puxar e ele viu e puxou e o ansol enroscou…" (Red. II.)

(17) "Todas essas inúmeras considerações a respeito do mais importante problema do momento, as eleições, não conven-

ceram os indiferentes cidadãos a uma atitude mais condizente com sua qualidade de..."

Geralmente, corrige-se essa distorção avaliando a fluência conceitual manifestada nos textos, isto é, o número de conceitos utilizados para a construção das orações. Prefiro fazer um rápido estudo da estrutura superficial das orações utilizadas pelos alunos e verificar o seu grau de complexidade.

Para começar, devo esclarecer que utilizei o mais simples critério para identificar uma estrutura como "oração" e para avaliar a sua complexidade. Considerei que, pelo menos na língua portuguesa, se pode tomar o verbo como o núcleo de uma oração. Identifiquei certas estruturas básicas como orações mínimas padrão, isto é, aquelas representadas por um verbo e seus complementos (incluído o sujeito). Uma complexidade maior advém de expansões dos elementos dessas estruturas básicas. Sei bem que esse critério é extremamente simples e discutível. Entretanto, para os objetivos a que me propus, e dada a simplicidade da redação das crianças, os critérios me parecem suficientes e sua simplicidade não os torna irrazoáveis.

Voltando às redações das crianças, a maior parte das estruturas oracionais utilizadas pelos alunos foram estruturadas de complexidade mínima e, além disso, quase sempre com a elipse de elementos. São oraçõezinhas que nunca ultrapassam três constituintes elementares como em:

(18) "Rex é meu companheiro."   (Red. VI.)

"...ela avoou..."   (Red. III.)

"...em com trou uma éga..."   (Red. IV.)

"...em con tou um a for..."   (Red. X.)

"...o coelho passou a cerca..."   (Red. I.)

Em muitos casos a oração se compõe de um único verbo, ficando elípticos tanto o sujeito como eventuais complementos:

(19) "...e latiu..."   (Red. I.)

"...acordou..." (Red. III.)
"...puxou..." (Red. II.)
"...e viu..." (Red. X.)

O estudo das construções mais complexas acaba mostrando que, também de um modo absolutamente geral, os alunos constroem as orações com expansão de um único elemento:

(20) "Eu tinha um cavalo peto..." (Red. IV.)
"...um *coelho ladrão* viu cenouras..." (Red. I.)
"...ele come aros, carne..." (Red. VI.)
"...ela não cosseguia avoar..." (Red. III.)
"*Um dia* Garni acordou..." (Red. XII.)

Se somarmos as orações de mínima complexidade às orações com uma única expansão chega-se a mais de 90% de todas as orações utilizadas pelos alunos. É absolutamente excepcional encontrar uma oração complexa (*sic*) como (21):

(21) "Um dia bem bonito uma raposa feliz encontrou um coelhinho amarelo..." (Red. XVI.)

E parece que, ao tornar mais complexa a estrutura, os alunos tendem a perder o controle da construção e a perder a conexidade sintática da oração produzida:

(22) "... e ele com medo que a mãe dele batia nele e um dia ele vicou muito bonhente (doente) ..." (Red. XIV.)
"...para fazer que a raposa pidir muito filiz..." (Red. XVI.)

Quero ainda chamar a atenção para alguns outros aspectos relevantes a meus propósitos, revelados pela análise das redações das crianças. Como se sabe, uma das características da linguagem coloquial da região (ou mesmo do português falado no Brasil) é o uso do pronome do caso reto, tônico, em posição pós-verbal, para substituir o nome – objeto direto:

(23) o gato matou ele,
eu vi ele.

O uso das formas oblíquas átonas pertence quase exclusivamente à linguagem escrita. Ora, nas redações das crianças encontrei pelo menos 22 ambientes em que o nome-objeto direto estaria habitualmente representado por um pronome anafórico; entretanto, os alunos em nenhum caso utilizaram, quer a forma coloquial, quer a forma culta, deixando sempre a construção elíptica como em:

(24) "...um coelho ladrão viu cenouras e *foi roubar* aí o *cão viu* e latiu muito aí o *dono solto* correu..." (Red. I.)

"...fomos pescar no riu *comesou* a puxar e *ele viu* e puxou e o ansol enroscou..." (Red. II.)

Anoto este fato para poder mais tarde correlacioná-lo com o eventual emprego das formas átonas do pronome, que, como se sabe, é um dos índices de utilização do dialeto culto.

Há outros aspectos das redações das crianças que apontam para a interferência do uso habitual de um dialeto não *standard*. Embora não correlacionados com a análise estrutural das orações, deixo-os já apontados aqui.

O primeiro deles se relaciona à concordância verbal e nominal.

No caso da concordância verbal, as únicas vezes em que o sujeito se encontrava distante do verbo (duas vezes) e posposto (uma vez) a concordância não se fez:

(25) "... *os casadores* mataram o lobo mau e *tirou* a vovozinha e a menina ..." (Red. VIII.)

"Um dia *os dono* deles resolveram espiar pra ver o que era. Quando *olhou* ..." (Red. XI.)

"Um dia *vei* (veio) *meu pimos* veio em minha casa ..." (Red. XV.)

De um modo geral, a concordância se fez nos casos em que o sujeito ocupava a posição pré-verbal.

No dialeto coloquial da região, sabe-se que, de um modo geral, se flexiona no plural o determinante (o artigo, por exemplo), deixando na forma singular os demais componentes do sintagma nominal. Em cinco das oito situações correspondentes, assim fizeram os alunos:

(26) "os bolinho"   (Red. VII.)

"todos os cachorro"   (Red. XI.)

"os dono deles"   (Red. XI.)

"5 patinho"   (Red. XIV.)

"meu pimos"   (Red. XV.)

distinguindo-se porém o último exemplo dos anteriores. Também de um modo geral, não se faz a concordância do adjetivo predicativo com o sujeito. Em duas das cinco ocorrências de predicativo com sujeito plural, não houve concordância:

(27) "eles ficaram amigo"   (Red. VI.)

"eles ficaram muito agradecido as"   (Red. VIII.)

(Vejam, no segundo exemplo, a manifestação clara de insegurança quanto à forma a usar: agradecido ou agradecidas.) Nas outras três não deixou de haver problema, pois a criança repetiu nessas posições uma concordância do intensivo "muito" com o adjetivo:

(28) "Eu e rex somos muitos amigos."

"... os dois ficaram muitos amigos."

"E sempre foram muitos amigos." (Red. VI.)

Um caso isolado, em que o adjetivo "muito" deveria concordar encerra este inventário:

(29) "fazer muito exercícios." (Red. III.)

Penso que esses dados, embora insuficientes, indicam algumas tendências já observadas em outros trabalhos: a tendência a não efetuar a concordância com sujeito distante ou posposto ao verbo, a reservar a marca de plural no sintagma nominal ao determinante, a não fazer concordar em número o predicativo com o sujeito.

Em segundo lugar, quero fazer referência aos problemas relativos à grafia. Embora não vá discutir especificamente neste livro o processo utilizado para levar as crianças à escrita segundo as regras convencionais da grafia, vale a pena apontar aqui a situação que encontrei nas primeiras redações. Os alunos cometeram inúmeros erros, que correspondem (de modo bem simplificado) aos seguintes tipos mais frequentes:

a) erros em que a criança substitui uma letra (ou letras) por outra que mantém representada a mesma forma fonética, como em "belesa", "comessou", etc., ou representa a pronúncia atual do português, como em "começarão" (por começaram);

b) erros em que a grafia não corresponde à representação fonética, apesar de ser a palavra pronunciada segundo os padrões habituais, como em "comesou", "ansol", etc.;

c) erros que se podem associar a uma diferente pronúncia e, consequentemente, a uma variação dialetal na linguagem das crianças, como em "sou" (por sol) e "voutou" (por voltou), ou como em "frô" (por flor) e em "probrema" (por problema); ainda como em "frô", "cata" (por catar), "enrosca" (enroscar), correspondendo à pronúncia que substitui o "l" em final de sílaba ou em grupos consonantais por "r", e apaga o "r" em posição final de palavra; como em "veia", "paia" ou "famiia" (por velha, palha, família); como em "moreu", "coreu", "cachorinho", etc.;

d) erros decorrentes de uma equivocada separação de unidades na escrita, como em "porisso", "oque", "apaixonouse", "derrepente"; ou, em sentido contrário, "em com trou";

e) erros em que a grafia se afasta totalmente da representação fonética, reflexo provável de má alfabetização, como em "bonhente" (doente), "desenhosça" (desenroscar), "vei" (veio), "seu" (sol).

O fato que vale a pena destacar é o de se encontrar a maioria dos erros dentre os que refletem uma variação dialetal, o que exige do professor mais do que simples exercícios de correção de grafia. De fato, somente exigir que a criança escreva "rio", apesar de pronunciar e escrever "riu", leva-a muitas vezes a escrever "caio" (por "caiu"), generalizando uma regra sem que se dê conta da arbitrariedade relativa das convenções de ortografia. A distância entre a grafia e a representação da pronúncia de seu dialeto torna o problema da ortografia mais do que um problema de ortografia: é preciso levar as crianças a compreender as variações dialetais e a comparar a sua pronúncia com a pronúncia-padrão.

Para uma observação mais fidedigna de o que e como escreviam meus alunos, podem-se agora examinar a seguir os primeiros textos feitos pelas próprias crianças.

(REDAÇÃO I)

nome: Almiro Ferreira dos Santos yr

O Cão e o coelho ladrão

Era uma vez um cão oi no mesmo instante um coelho ladrão vi o cão viu o coelho ladrão oi o cão viu o latiu muito oi o coelho sotta correu correu e oi o coelho passou e cuica e o cachorro voltou.

Ola vizinho ela meu vizinho eu vou sair e vou voltar o cachorro quem entrou meu vai mordido

(REDAÇÃO II)

Lousas, 03 de Março de 1981.
Nome: André Carlos Bernardi
3ª Série A Nome: Egt

Eu e o meu colega fomos pescar Mariol começou a fu-
rar ele viu e furou e a anzol enroscou e ela subiu na árvore
para desenroscar o anzol caiu dentro da riu.
Eu tinha 50 cruzeiros e ele foi comprar anzol para pescar anzol na linha e o anzol dele enroscou no meu e a linha de
descer e ele foi cata e caí Maria.

(REDAÇÃO III)

Nome: Chaves José Barbosa
3ª série A Dona Egê

Era uma vez numa borboleta chamada Maria escondida da
colegio.
Quando ela foi para escola ela viu uns
para que ela foi de tuteu
Ela se aproximou e obriou a prof. Ela desmaiou
quando acordou ela [?] mas ela não conseguia
acorar alto.
Eles consultou um médico e ele disse para
fazer muito exercícios. Ela tentou mas não adianti
Ela foi consultar outros médicos ele disse
que tinha de ir no hospital a flor ela chega
Ela foi enfrentando tempestade chegando lá ele
encontrou a flor ela chorou bem forte e desmai
ou Quando ela acordou ela gritou bem alto

(REDAÇÃO IV)

Meu nome é Marcelo Antonio Cezarini

Eu tinha um cavalo preto mas ele
não queria que fui muntace nele.
Um dia ele foi passear em com trou
uma égua e se a paixonou por ela.
O preto pautou para saber se fui muita
ele galopou e saiu num pais.
Ele trouxe uma égua para mim no souff
ele estava com ela.

(REDAÇÃO V)

nome: Maurício Kachinno

O cachorrinho valente

Era uma vez um lindo cachorrinho que se chamava Totó.

Um dia ele e sua dona que chamava Dona Tereza estavam passeando quando Dona Tereza itrou falando para seu lindo cachorrinho que hoje era dia da carrocinha passar. Mas quando Dona Tereza acabou de falar a carrocinha estava pegando Totó. E virou uma mordida e

(REDAÇÃO VII)

nome: Vanderlei Crescencio da Silva

Era uma vez um cachorrinho chamado Rex.
Ele é branco pintadinho de marrom.
Ela tem uma casinha e ele come arroz, carne e bebe leite.
Rex é meu companheiro.
Eu cuido dele desde que ele nasceu.
Eu e Rex somos muitos amigos.
De manhã ele vem sempre me dar bom-dia.
Um dia Rex estava brincando com um gato.
Eu fiquei bravo com ele.
Um certo dia eu e Rex fomos passear
E o mesmo gato ele estava lá.
Rex nem ligou e os dois ficaram muitos amigos
E sempre foram muito amigos.
E eu gostei muito que eles fizeram amizade

(REDAÇÃO VII)

Nome: Clovis Moreira da Silva

Hoje vou contar a história de um cachorrinho chamado Lulu ele era muito bom. Um dia Lulu foi andar pela rua e viu uma casa ali tinha uma velhinha e um gatinho ele estava pintando bolinho e o cão deu olá e pegou os bolinho e a velhinha pensou que era o gato e deu uma surra.

(REDAÇÃO VIII)

Nome: Erica Adriana Lobella

Era uma vez uma menina chamada chapeuzinho vermelho sua mãe que chamara maria chapeuzinho vermelho estava apanhando flores para mãe chamou
Chapeuzinho vermelho eque mamãe vou leva doce a vovozinha está bem mamãe mais não vá pela caminho da floresta chapeuzinho vermelho vai pelo caminho do rio aí a um encontrou mau com chapeuzinho vermelho ou muito bonico foi pelo caminho da floresta aí ele encontrou o lobo mau ele fingiu que ele enduzeu a lovo a convençe dele e enquiriu ela mas o Tinga a vovozinha e a menina eles ficaram muito agradecido ao

(REDAÇÃO IX)

Meu nome é Eliane Aparecida Rigotto Paulino

Era uma vez eu tinha um patinho ele era muito bonito ele era acostumado comigo a onde eu ia ele ia atraz ele era meu.
Um dia minha tia estava na minha casa a estava a quela Correria e o meu irmão pisou nele e ele morreu eu fiquei muito triste.

(REDAÇÃO X)

nome: _____

Havia uma abelhinha muito alegre
Um dia ela voi passar na jardim
em contou um a for muito bonita ela a
abelhinha voi lá e chupou a for e derrepe-
te
desse ario pegane a for the vremeiosa
ela desmiou e o senhor bobeto passou e
viu a abelhinha desmaiado e viu a chamou o
medico a brebinta ficou muito contente de
estar curada

(REDAÇÃO XI)

Meu nome é Joselma Barbosa de Jesus

O cacorrinho

Tinha um cachorrinho muito levadinho todos os dias o cachorrinho começa a latir quando era meia noite mas ninguém não sabia porque esse hora ele latia. Um dia os dono deles resolveram espiar pra ver o que era. Quando olhou era uma cachorinha chamada Sili e o cadorinho era Sulu e todos os portos latia porque a Cli passa enfrente a portão E assim acabou a estória do cachorrinho.

(REDAÇÃO XII)

Meu nome é Helga Golisnelta

Gami é um era um galo muito bom
um dias gami acordou e começou a cantar
- cô ! cô ! ru ! cô
Gami viu que o seu silvam nascento e
começou a cantar de novo
- cô ! cô ! ru ! cô.
é gami viu que o seu tinha nascero
e ficou contente.
Gami viu todo loggante e achada de
uma galinha vio falou

(REDAÇÃO XIII)

nome: Renata Alves de Paula

O amanhã do bebê

Desde manhã o bebê está chorando sua
mamãe Rita fala bebê você quer maçã
Bebê olha e começou
a ri...
Você quer tirar o casaco dele
E... fa... é...
Bebê vê a mamãe e fala
eu quero o colo da mamãe bebê não pelo

(REDAÇÃO XIV)

Meu animal é Passarinho gosto, lima, das Prendas

O patinho Pais

Uma pata tinha 5 patinhos e uma tinha 2 só que a pata com os patinhos porque ela era diferente dos outros.

Um dia ela saiu com a pata para um da até no que ela falou, ela falou com eles que ela não é mais lembrante e ela ia um dia ela ia iscar muita coragem

(REDAÇÃO XV)

Meu nome é Silvana Pasquanelli.

Eu uma vez um cachorinho chamado Tone
que muito levado.
Um dia nós meu pimos em ounha casa não

sei o que que aconteseu que quando anoinheseu fo
estava morto.
Depois que ele morreu minha casa ficou muito triste

(REDAÇÃO XVI)

meu menino Simbora Paz de mel

A raposa feliz
Um dia havia decente uma raposa feliz encontrou um
coelhinho amarelo ela ficou mais feliz porque tem
agora um amigo perto dela para fazer o que
a

raposa pidiu muito feliz a raposa falou tão
coelho pisam
venha pá coelhinho você está tão serious
a tua presente aqui e muito alegre e
assim o coelhinho ficou no casa de
raposa.

Embora reconheça que minha análise das primeiras redações foi feita com instrumentos bem simples, penso que ela permitirá fazer-se uma ideia mais precisa da realidade linguística das crianças manifestada em sua linguagem escrita. Vale a pena apontar estes aspectos fundamentais:

1) as redações das crianças se constroem segundo modelos estereotipados de narrativas "infantis", repetindo os esquemas das estorinhas contadas pelos adultos ou dos livros didáticos;
2) as crianças não "inventam" as estórias nem relatam episódios de sua vidinha real; recorrem outra vez ao fabulário tradicional ou a estórias lidas em livros da série anterior;
3) as crianças não dominam a pontuação; mais que isso, constroem os seus períodos como sequências de orações simplesmente justapostas ou coordenadas por "e", ou ligadas por outros procedimentos como a anáfora, a repetição, o uso de partículas continuativas como "aí", "então";
4) particularmente, não distinguem na escrita a "fala do narrador" da "fala das personagens" nos poucos diálogos que utilizam;
5) as orações das crianças são extremamente simples, reduzindo-se quase todas a expressões de "complexidade zero" – oraçõezinhas de uma, duas e no máximo três palavras lexicais;
6) as crianças refletem em seu texto características de seu próprio dialeto, seja no uso dos pronomes, seja na concordância, seja na ortografia.

Devo ainda advertir que no início das aulas, no curso das atividades reais em sala de aula e com a obrigação de atender às crianças já no dia seguinte, não pude fazer uma análise tão cuidadosa. Consegui, mediante uma avaliação mais sumária e valendo-me da intuição treinada em tantos anos de ensino, chegar praticamente aos mesmos pontos gerais. Mas hoje percebo que a possibilidade de empregar mesmo as técnicas simples de análise que utilizei e o apoio de uma bibliografia mesmo tão limitada me teriam evitado alguns enganos de decisão e a seleção mais adequada de algumas atividades e procedimentos. Posso avaliar melhor agora as deficiências de minha avaliação, para um diagnóstico mais instrutivo da situação da linguagem escrita das crianças. Em termos gerais, ficam aqui duas observações: a primeira, relativa à necessidade de se colocarem os linguistas ou os teóricos da linguagem também a serviço da formulação de técnicas simples e de utilização rápida e fácil para o uso do professor nas situações concretas, e não só para as pesquisas acadêmicas, levando em consideração sobretudo a necessidade de um diagnóstico quase imediato, em tempo de utilizar-se na prática escolar do dia a dia e de todo o dia. A segunda observação, a de que não se devem minimizar esses instrumentos de análise porque a intuição não nos diz tudo; particularmente, não nos permite encontrar as razões mais internas ao próprio processo de redigir dos alunos, aspectos relativos à própria estruturação do texto, certamente relevantes para instruir e informar a seleção dos objetivos e estratégias no planejamento curricular.

Para valorizar aquelas crianças, parti de sua linguagem

Tenho assistido, há tanto tempo como professora de primeiro grau, a um declínio da espontaneidade e criatividade verbais das crianças, iniciando-se no momento em que entram para a escola e culminando na 3.ª e 4.ª séries. Entre 9 e 12 anos, a criança que vinha expressando-se livremente, ao representar a sua própria visão do mundo, torna-se mais inibida e fechada a qualquer tipo de manifestação (gráfica, verbal, plástica ou dramática). Seria esse momento regressivo a consequência dos fenômenos de desenvolvimento biológico ou psicológico? Ou seria a consequência dos modelos educativos racionais, intelectuais, realistas ou linguísticos – impostos pela sociedade e sobretudo pela escola?

"A análise da situação comprova que pode haver casos de superposição dos dois fatores, outros com a predominância de um deles; entretanto, verifica-se que as crianças que sempre foram estimuladas a produzir criativamente não perdem o seu interesse pelas atividades artísticas e de disponibilidade criadora, donde se poderia concluir que seria mais uma crise condicionada do que natural e, portanto, reversível." (26)

Que pensar, considerando essa observação, a respeito daqueles meus alunos? Como entender a completa ausência de espontaneidade e de originalidade que os fazia quase voltar ao balbucio e os amarrava a esquemas estereotipados, preenchidos por uma dúzia de oraçõezinhas vazias de qualquer conteúdo expressivo? Entre as condições dessa decadência certamente estava a escola, com seus mecanismos repressivos, disciplinadores, como examinei no primeiro item deste capítulo. Vítimas dos padrões de avaliação dessa escola, os próprios alunos já não valorizavam a si próprios: colocavam-se à margem da escola, mesmo dentro dela, sem nenhum estímulo para uma atividade criativa ou produtiva; eles já sabiam que eram "incapazes" ou "casos perdidos", e certamente rejeitavam interagir num sistema que não era para eles e que não tinha nenhuma relação com sua vida real. Encontravam sua forma de manifestar-se no comportamento agressivo, na violação do código imposto de disciplina, na rejeição dos valores prestigiados pela escola. Não encontrando, enfim, nem um ponto de referência dentro do contexto escolar, eram crianças sem imaginação e sem linguagem. Particularmente do ponto de vista de sua linguagem escrita, suas composições cheias de erros de pontuação, de ortografia, de concordância não deveriam merecer da escola senão uma porção de riscos vermelhos, pontos de interrogação e mais uma nota baixa.

Penso que na minha última observação estou tocando em um dos aspectos da escola que mais diretamente contribuem para a regressão da criatividade das crianças, sobretudo as crianças mais desfavorecidas que trazem mais fortes na linguagem os "desvios" do dialeto de sua classe social. Estou referindo-me à imposição das convenções e das normas do dialeto-padrão escolar e culto. Com relação a isso, os meus alunos tinham outra razão para inibir-se e retrair-se: o uso de uma linguagem marcada por variações estigmatizadas como "vulgares", "incorretas", "feias", de mau gosto. A escola nunca se livrou do forte preconceito de que o "bom uso" da língua é privilégio de uma elite, enquanto o povo, a maioria, a usa mal e sem "bom gosto".

De fato, os esforços dos docentes para levar as crianças a utilizarem a língua segundo os padrões da norma culta (na escola, baseada na linguagem escrita) vêm acompanhados habitualmente de um processo de desprestígio e ridículo das formas dialetais utilizadas pela criança (em razão da idade, de sua origem regional ou de seu meio social). Embora não se tenham feito pesquisas satisfatórias que avaliem todas as consequências desse comportamento para o desenvolvimento da linguagem da criança, ele é certamente uma das condições restritivas mais fortes que explicam o caráter regressivo do processo inicial da escolarização a que me referi acima. Tenho certeza de que não é sem graves consequências que se rompe o sistema linguístico da criança, que esta se sente submetida a situações de ridículo no uso das expressões dialetais de sua linguagem doméstica e paterna: que se acrescente às várias formas de opressão e repressão a que já está submetida (enquanto oriunda de uma classe menos favorecida) a repressão linguística e a opressão da normatividade "gramatical" e culta.

Penso logo em dois modos pelos quais o comportamento impositivo e normativo em relação à linguagem das crianças pode contribuir para sua falta de espontaneidade e originalidade: pela própria radical incompatibilidade (que se tem demonstrado em várias dimensões da atividade humana) entre o comportamento autoritário e a criatividade livre; pelo fato de que o rompimento do sistema linguístico da criança (que é sempre uma violência) inibe os mecanismos de representação, reduzindo a expressividade. Isso talvez explique as observações de Bernstein a respeito de uma clara relação entre a estrutura social, a utilização da linguagem e a "educabilidade". As crianças das classes mais desfavorecidas não possuem, como as outras, muitas possibilidades de acesso a um mundo diversificado e mais rico em informações; o seu mundo fica quase circunscrito aos limites de seu bairro ou vila e às relações de sua comunidade. O recurso a certas representações (via rádio ou mesmo televisão) não substitui experiências mais ricas de vida. Do ponto de vista funcional, a linguagem se exercita em situações locais e perfeitamente delimitadas: é uma linguagem dialogal e situada. Por outro lado, no seu ambiente, o dialeto social é o instrumento adequado de comunicação; para uma satisfatória interação com a família e colegas, em seus primeiros grupos sociais, certamente não podem "falar difícil" ou servir-se do dialeto das classes privilegiadas dominantes, mesmo que sejam expostas a ele. Possuem assim uma linguagem diferenciada e restrita, sobretudo no que diz respeito ao léxico, aos tipos de discurso, aos temas sobre o que lhes é dado discorrer. Fora de sua comunidade, fora de seu espaço vivencial de interação, a estigmatização de suas formas dialetais restringe ainda mais seu exercício de uma linguagem ativa. A escola se transforma, nesse sentido, no lugar mesmo de inibição e restrição, ao contrário do que parecem dizer seus "objetivos" educacionais. Podem-se percorrer nessas linhas as razões do insucesso dessas crianças no sistema de educação formal e institucionalizada, desatento em relação a essas peculiaridades.

A teoria de Bernstein, entretanto, foi compreendida de maneira largamente errônea. Em muitos casos se entendeu que Bernstein marcava com um estigma a mais essas crianças: justificaria o insucesso das crianças no processo educativo como uma inevitável consequência de sua linguagem restrita. Não creio que sua ideia fosse de que a linguagem das classes trabalhadoras seja inferior à das classes burguesas, nem que as crianças das classes trabalhadoras sejam menos "educáveis" do que as outras. Ele queria mostrar que, se as crianças das classes burguesas adquirem um tipo de expressão oral que podemos classificar como de linguagem culta (ou mais próxima a esta), isso lhes dá uma vantagem adicional dentro dos contextos educativos formais, por causa da maneira em que os processos educacionais são organizados nas instituições atuais (18).

A esse respeito, de fato, Bernstein não tinha a intenção de desvalorizar a linguagem das crianças das classes trabalhadoras, e isso aparece claro no trecho seguinte: "Dizer que um código é restrito não significa dizer com isso que uma criança é não verbal nem, no sentido técnico, desfavorecida no plano linguístico, pois ela possui a mesma inteligência tácita para o sistema de regras linguísticas que qualquer outra criança. (...) Embora a subcultura ou a cultura, por suas formas de integração social, engendre um código restrito, isso não significa que o discurso produzido e o sistema significante sejam desfavorecidos do duplo ponto de vista linguístico e cultural, nem que as crianças nada tenham a dizer na escola, ou que os frutos de sua imaginação não sejam significativos. Isso também não significa que tenhamos que ensinar às crianças uma gramática formal. Não significa, tampouco, que tenhamos que intervir em sua linguagem. (...) Se a cultura do professor deve fazer parte da consciência da criança, é preciso em primeiro lugar que a cultura da criança esteja na consciência do professor. Isso pode querer dizer que o professor deve poder compreender a linguagem da criança em lugar de tentar deliberadamente transformá-la" (1).

O que tenho, na verdade, observado na minha experiência docente é que o professor não procura "compreender a linguagem da criança" e se esforça para "deliberadamente transformá-la" com todas as consequências que examinei acima. Aliada a outros fatores e razões – ao caráter conservador e elitista da escola, à "seletividade" negativamente diferenciada de classe como a minha, aos efeitos negativos da autodesvalorização dos alunos, à sua inadaptação ao sistema de valores "disciplinares" do comportamento escolar, à artificialidade das situações de linguagem em sala de aula, ao uso de uma gramática analítica e classificatória, etc. –; essa forma sutil de repressão linguística e de agressão à linguagem familiar e socialmente utilizada pelas crianças leva-as não ao desenvolvimento de sua competência comunicativa mas à "perda da linguagem".

Em vários domínios ou áreas de conhecimento e aprendizagem na escola, a criança deve ser capaz de constituir novos "sistemas de referência", organizados mediante relações entre novos termos e noções que situam os "objetos" em diferentes níveis de abstração; mediante a linguagem, ela deve ser capaz de construir, em outros termos, novos sistemas de mediação para estruturar e compreender a realidade. Carlos Franchi fala de uma função "constitutiva" ou estruturante da linguagem como um trabalho que permite não somente compreender a realidade tal como os outros a "veem", mas alterar essa visão e predispor à mudança. É a linguagem a mediadora para a construção dos sistemas de referência próprios às outras áreas do conhecimento humano. Limitar a capacidade do exercício da linguagem é limitar a capacidade desse trabalho individual e social: o regresso na linguagem é o regresso em todas as áreas do conhecimento, e sobretudo é uma redução das possibilidades de uma interferência ativa, dinâmica, transformadora.

Os psicólogos russos, como Luria e principalmente Vigotski, já possuíam há muito tempo essa visão dinâmica da linguagem, oposta à visão estática: isso quer dizer que a linguagem não é somente reflexo determinado do mundo, não é apenas manifestação exterior de um pensamento íntimo preelaborado. A linguagem "informa, torna possível e mesmo produz algumas espécies de pensamento. Isso implica que, quanto mais conhecemos a linguagem de um indivíduo ou de um grupo, mais podemos fazer deduções sobre seu pensamento" (18). Assim, nossa visão da realidade e nossa própria capacidade de atuar inteligentemente sobre ela estão estreitamente ligadas ao exercício da linguagem. Sem querer chegar aos extremos da hipótese de Whorf, é indiscutível que da linguagem, dos sistemas mediadores que ela constitui (ou se constituem por ela) depende nosso modo de ver o mundo.

Por outro lado, a maneira como utilizamos a linguagem está estreitamente ligada à maneira pela qual entendemos a estrutura social e nela interagimos. Os autores russos, acima citados, entendem por esse modo um dos outros aspectos dinâmicos da linguagem. Falam de uma "função autorreguladora" da linguagem: no momento em que internalizamos a linguagem, internalizamos "a sociedade". Luria mostrou, por exemplo, que as crianças internalizam a linguagem de tal maneira que se tornam sistemas autorreguladores, em lugar de ecos passivos que respondem aos estímulos sugeridos por Skinner e alguns de seus colegas behavioristas. E, assim, a linguagem é o único atributo humano que nos permite aprender, pensar de uma maneira criadora e mudar, do ponto de vista social.

"(…) O interesse que os sociólogos dedicam à linguagem está intimamente relacionado ao ponto de vista psicológico dos russos, para quem o homem se torna humano sobretudo por meio do sistema autorregulador da linguagem. Em termos sociológicos isso significa que as crianças são socializadas, em grande parte, através da linguagem, e que os seres humanos também adquirem a faculdade de se revoltar (ou de modo menos dramático, a faculdade de mudar) por meio da linguagem: a linguagem não apenas nos ajuda a compreender por que as coisas são como são, como nos permite, igualmente, ver o que poderia acontecer." (18) Para voltar a um artigo citado de C. Franchi, a linguagem não é somente um instrumento pelo qual se vê o mundo através de um certo conjunto de categorias fixas e imanentes: a linguagem é também o instrumento de revisão e "subversão" dessas categorias pressupostamente imutáveis, possibilitando-nos passar de um universo de representação a inúmeros outros universos possíveis.

Se estas observações estão corretas (e correspondem à mais prometedora concepção de linguagem) podem-se ver melhor os riscos que a escola assume ao reprimir o exercício da linguagem das crianças mais desfavorecidas: não se trata somente de limitar os resultados que exigem delas no quadro restrito dos objetivos da educação formal e institucional; trata-se de enviá-las para um recanto de condenada marginalidade, sem os instrumentos de uma ação eficaz que tenha por consequência uma visão renovada da realidade e um esforço de mudança das estruturas sociais. E não seria este o resultado "desejável" do ponto de vista de uma instituição destinada a manter o sistema social injusto: excluir as crianças das classes trabalhadoras de uma verdadeira participação futura?

Mas há outro aspecto importante da linguagem para o qual Vigotski chama a atenção. A linguagem, os sistemas de referência que constitui para a possibilidade da comunicação não são somente o resultado de um trabalho social, uma herança que se adquire passivamente; a aquisição da linguagem e seu desenvolvimento somente se conseguem em ambientes de rica interação social. Cláudia Lemos, levando em consideração esse ponto de vista, tem desenvolvido toda uma teoria da aquisição da linguagem baseada nesse pressuposto interacional. O desenvolvimento da linguagem não se daria em função de uma atividade interior e isolada do sujeito, mas fundamentalmente a partir dos jogos de interação com o adulto e principalmente a mãe. E o estudo da aquisição da linguagem por inúmeras crianças, que Cláudia Lemos e outras colegas da Universidade Estadual de Campinas têm acompanhado desde as manifestações pré-verbais até a emergência das mais diferentes construções, tem mostrado de modo muito nítido o papel não somente condicionante, mas verdadeiramente constitutivo da interação social.

Não penso que é excessivo passar desses dados à proposta de que tal interação não é somente básica aos processos de aquisição da linguagem, mas também para todo o processo de desenvolvimento posterior. E assim, como propor atividades de comunicação e expressão numa situação "social" inteiramente esvaziada de uma relação humana e de vida? De fato, a situação de sala de aula, para aqueles meus alunos, era um "parêntesis" em sua vida: a escola mesma os segregava em uma "classe especial" de alunos-problema; não se pretendia poder dizer muita coisa a eles e eles somente podiam tentar dizer qualquer coisa que "queriam que dissessem" e que não tinha nada a ver com eles. O ambiente era de mútua e consciente "exclusão".

Penso que foi a partir desse tipo complexo de reflexão, que envolveu desde o caráter da escola até a natureza da linguagem – passando por uma tentativa honesta de entender aqueles alunos e sua situação –, que nasceram algumas decisões aparentemente tão simples:

1) aqueles alunos precisavam ganhar de novo confiança em si mesmos, e para valorizar-se deveriam começar por valorizar a sua própria linguagem, reconquistá-la, voltar ao seu exercício pleno como expressão de si mesmos e meio de interagir com os outros, inclusive a professora;
2) deveria começar-se por um longo e contínuo processo de reconstrução das relações adequadas dessa interação entre mim (que representava o adulto, a escola e o repressor) e as crianças; era preciso que nos tornássemos interlocutores reais; só com um relacionamento pessoal que suplantasse o formal e

institucional é que eu poderia atuar num espaço de interlocução espontânea e livre, propícia ao desenvolvimento da linguagem infantil;
3) deveria evitar impor a linguagem culta e as convenções da escrita como algo que substituísse necessariamente a linguagem própria das crianças e própria de sua classe social; evitar contrapor o "bom uso" da língua como privilégio de uma certa classe ao "mau uso" que, pelo preconceito nosso, faziam; ou contrapor um "errado" e um "certo"; era preciso reabrir as comportas de liberdade e autoconfiança para que os alunos já não se limitassem previamente a um exercício de adivinhação daquilo que "querem que eles digam";
4) estava convencida de que por esse caminho as crianças se livrariam dos estereótipos formais, iriam progredir em fluência e flexibilidade linguística, como resultado natural da devolução à linguagem delas de suas funções comunicativa e expressiva;
5) na linguagem escrita ainda aparecem mais fortemente os embaraços do comportamento redutor e repressivo da escola; era preciso levá-los a dominar certas convenções para que o texto escrito fizesse sentido para as crianças mesmas; bastaria vincular a atividade escrita a uma necessidade de expressão pessoal e a uma necessidade de adquirir instrumentos de interação social, e não torná-la uma "tarefa escolar" ou um exercício alienante.

Uma observação final. Tudo isso jamais significou para mim deixar as crianças à margem das convenções e normas do dialeto culto. Eu estava convencida de que, se não tinha o direito de violar a sua linguagem e repetir os procedimentos de estigmatização e desprestígio de seu dialeto na escola, também não tinha o direito de privar os alunos do acesso a um dialeto pelo qual seriam depois – injustamente embora – avaliados pela sociedade. Eu não tinha o direito de privá-los de um instrumento de ação no interior do sistema dominante, com o qual, ou apesar do qual, ou contra o qual deveriam poder agir segundo suas próprias decisões. O problema não está em que as crianças venham a dominar um outro dialeto (tão próximo do seu); nem tem sentido opor ao dialeto culto afirmações tão preconceituosas como as que se referem ao dialeto dito "vulgar" ou "caipira", isto é, alegar que o dialeto culto é "menos" comunicativo, numa inversão ingênua da teoria do "bom uso" e do "mau uso". O problema está em levar as crianças a dominar esse dialeto culto padrão sem que necessariamente o tomem como excluindo o seu próprio dialeto; sem que assumam, contra si próprias, os preconceitos sociais que o privilegiam.

Aliás, partir da linguagem das crianças é mesmo um truísmo pedagógico. Pois de onde se haveria de partir?

Capítulo 2 **Como fazer os alunos perceberem as variações da língua e respeitá-las**

Todos os exercícios destinados diretamente a estímulos para reprodução e produção de textos foram acompanhados de diferentes atividades, sempre objetivando:
– reforçar nos alunos a sensibilidade para diferentes usos da linguagem, conscientizando-os da existência de variações dialetais e do seu prestígio social relativo;
– levar as crianças a compreender o fato de que os usos da língua, independentemente de seus mecanismos, são regidos por certas convenções;
– caracterizar adequadamente o dialeto-padrão como variação socialmente prestigiada, mas equivalente ao dialeto da criança do ponto de vista da expressividade e comunicatividade (valorização do dialeto da criança);
– levar o aluno a observar a oposição entre o padrão culto e o popular;
– levar a criança a produzir frases, orações, expressões em ambos os dialetos em questão.

Evitei quaisquer "correções" diretas, baseadas nas normas do dialeto culto, tendo em vista que o objetivo inicial não era levar as crianças a substituir desde o início o seu dialeto por um padrão culto escrito. Todo material produzido pela criança era tomado como fonte de informações para uma permanente avaliação, com base na qual se fixavam objetivos futuros e atividades correspondentes. Quero destacar o fato de que, em cada atividade, a atenção da criança somente era despertada para as impropriedades relativas ao objetivo ou objetivos mínimos que estavam fixados. Todos os demais desvios (relativos ao vocabulário, à ortografia, à concordância, etc.) eram anotados em separado, para tratamento posterior.

Em todas as atividades segui um certo esquema geral: iniciava sempre com um diálogo com as crianças e entre as crianças sobre um fato interessante acontecido na escola ou na sala de aula ou no bairro; desse diálogo é que se extraía o conteúdo de uma pequena comunicação por escrito. Uma primeira atividade, por exemplo, iniciou-se com a própria molequice das crianças; o Elianes contava na classe, para os colegas:

– *Nós tava escreveno e o Celo levantou; então o Marco tirô a cadera e o nego, bumba no chão.*

Transcrevi com a maior fidelidade possível a linguagem coloquial do Elianes, exatamente como ele contava o fato aos colegas. Mostrei então que, se o Elianes tivesse vindo falar comigo ou com a diretora, poderia ter falado a mesma coisa de maneira diferente. Fui provocando a classe a fornecer ela mesma as variantes das expressões em um diálogo culto. O resultado foi escrito na lousa:

– *Nós estávamos escrevendo e o Marcelo levantou; então o Marcos tirou a cadeira e ele caiu no chão.*

Exercícios tão simples como esse permitiam salientar que se fala de modo diferente conforme a classe social, a função social, a ocasião e as circunstâncias da fala: quando estamos entre amigos do bairro, quando estamos em uma situação mais formal e cerimoniosa.

Então nós podemos utilizar a língua de maneira diferente. Isso vocês mesmos podem ver, que as pessoas usam a língua cada qual a seu modo. Assim, por exemplo, enquanto um lavrador fala:

– *Nóis fumo onte passeá,*
uma professora diz e quer que os outros digam:

– *Nós fomos ontem passear.*

Vocês entenderam muito bem o que o lavrador falou: o modo pelo qual ele fala é certo e funciona muito bem para todas as necessidades dele. Só que os professores têm outra maneira de falar e querem ensinar para vocês essa outra maneira. É bom saber falar de várias maneiras.

(Esses trechos correspondem aproximadamente a exposições feitas em classe, interrompidas, é claro, por questões dos alunos e por um permanente diálogo com eles.)

Vou relatar aqui, sem maiores comentários, diferentes atividades mais ou menos no mesmo estilo que propus aos alunos nessa primeira parte do curso. Farei uma discussão e avaliação posteriormente.

Em uma delas, procurei identificar com as crianças diversas figuras populares do bairro e estimulei-as a fazer pequenas frases na forma em que eles (o padeiro, o dono do barzinho da via, o pipoqueiro, etc.) realmente as fariam. Como contraponto, as crianças procuravam refazer essas frases em uma linguagem "escolar". A ideia básica era, simplesmente, aguçar sua atenção para diferenças dialetais. O exercício iniciou-se oralmente, sendo depois transformado em uma tarefa por escrito. Trago dois exemplos mais significativos:

(1) Pedreiro: – João, busca os tijolo.
　　Verdureiro: – Oi a verdura o verdureiro.
　　Padeiro:　 – Quem qué leite fresquinho.
　　Lixeiro:　 – Bote o lixo na rua.

Se essas pessoas tivessem falado na linguagem da escola, elas poderiam também falar assim:

　　Pedreiro:　 – João, vá buscar os tijolos.
　　Verdureiro: – Olha a verdura do verdureiro.
　　Padeiro:　 – Quem quer leite fresquinho?
　　Lixeiro:　 – Por favor, coloque o lixo na rua Dona.

(Aluno: Vanderlei Aparecido da Silva.)

(2) Pedreiro: – Vá busca pedra João.
              – Por favor vai buscar pedra João.
    Padeiro: – Oi o pão quentinho dona.
              – Olha o pão quentinho Dona.
    Verdureiro: – Oi a verdura fresquinha quem vai compra.
              – Olha a verdura fresquinha quem vai comprar.
    Lixeiro: – Passa cachorro ocê rasgo o saco di lixo.
              – Passa cachorro você rasgou o saco de lixo.

(Aluna: Érica Adriana Labella.)

Nos exemplos acima, respeito a grafia e os poucos sinais de pontuação marcados pelos alunos. Tomei a decisão de os ir introduzindo muito pouco a pouco nas diferentes convenções da escrita. Assim, no caso, o primeiro objetivo nesse sentido foi o de apresentar-lhes uma só dessas convenções, isto é, o uso dos dois-pontos e do travessão na introdução da fala da personagem. No momento, não fiz nenhuma observação ou correção: somente fiz com que os dois-pontos e o travessão fizessem parte do enunciado da atividade, escrito na lousa.

Essa atividade foi seguida de várias discussões com os alunos sobre o tipo de diferença que eles notavam. Nem todos tinham a mesma sensibilidade para essas diferenças; em alguns casos, os alunos transcreviam aproximadamente a fala coloquial ou quotidiana das personagens, dependendo de meu auxílio para encontrar a forma correspondente no dialeto culto. Nessas discussões, acabou ficando claro que as diferenças no uso da linguagem não decorrem somente de diferenças nas classes ou funções sociais dos usuários; podem decorrer também das diferentes situações do uso em que uma mesma pessoa se encontre.

– Não é do mesmo modo que a gente fala quando está entre amigos, entre os familiares, ou quando nos dirigimos ao prefeito, à diretora, ou vamos a um encontro para pedir emprego, etc. O que pensariam as pessoas presentes, se você dissesse ao subprefeito:
– Oi cara, a escola da Vila Santana tá precisando dumas coisa, os taco derruba a gente, chove dentro.

Do mesmo modo, imagine agora que você, chegando em casa, dissesse à sua mãe:
– Preciso que meu uniforme esteja deslumbrantemente limpo, minha bolsa impecavelmente arrumada. A senhora poderia fazer o especial favor de me providenciar tudo para amanhã?
Nos dois casos todos poderiam estranhar seu comportamento, porque você esqueceu que, em situações formais, isto é, naquela em que estava o subprefeito, a gente não fala como a gente fala em situações informais, com a família ou os amigos.

O exemplo abaixo retrata o resultado dos exercícios que seguiram nessa direção (distinguindo situações formais de informais):

(3) a mamãe – situação informal
– Manhe passa meu avental.
o delegado – situação formal
– Por favor senhor delegado o senhor poderia mandar um guarda noturno na Vila Santana.
o amigo – situação informal
– Cleonice vamos brinca de boneca.
o padeiro – situação informal
– Padeiro dá um pão pra mim.
a diretora – situação formal
– Por favor dona Diretora a senhora poderia dar a lista de material para mim.
o verdureiro – situação informal
– Dá um pé de alface pra mim verdureiro.

(Aluna: Clarice Moreira da Silva.)

Os alunos, mais rapidamente do que eu supunha, demonstraram logo uma grande sensibilidade para os diferentes usos da linguagem e, por indicações que se podem ver nos exemplos, para o problema social do prestígio relativo associado a essas formas. Exposições e discussões sucessivas colocaram, por isso, em foco e em questão tópicos como:

a) O dialeto identifica a pessoa como pertencente a um determinado grupo social ou a uma determinada comunidade; no seu grupo, cada qual utiliza seu próprio dialeto.

b) De um modo geral, um grupo rejeita e até ridiculariza o modo de falar que lhe parece estranho; não é somente o grupo escolarizado que se ri do dialeto caipira; as pessoas também rejeitam as que falam "cheio de esses e erres". (Na classe, coincidentemente, uma das alunas – Simone – chegara recentemente do Rio de Janeiro e tinha problemas de adaptações com os alunos, que a consideravam "exibida".)

c) Na sociedade, um grupo que é economicamente privilegiado e detém o poder social distingue o dialeto culto, base para a linguagem escrita, como a forma "boa", "correta" de usar a linguagem.

d) Mas nenhuma dessas formas é mais correta ou melhor do que a outra, embora seja esse dialeto culto que a escola procura impor a todos os alunos como a forma adequada de usar a linguagem.

> *Vemos como é diferente a maneira de se expressar dos trabalhadores da roça ou mesmo da cidade, e a maneira de falar do grupo social que a escola ensina. Assim, quando um menino vem da roça e fala "eles foi passeá", a professora logo "corrige": "eles foram passear". Se as duas maneiras são corretas, por que escolheram justamente o modo como o professor, o engenheiro, o médico, os donos das chácaras falam para ser seguido por todos e ensinado nas escolas?*
>
> *A resposta é simples: a sociedade escolhe justamente a linguagem do grupo social mais poderoso, que tem melhores condições econômicas, que vive melhor e que, por isso, acaba dominando os outros. Escolhe essa linguagem e acaba impondo aos outros grupos sociais. Assim, a norma culta, a língua oficial, isto é, esta língua que vocês estão aprendendo na escola, não é a única correta, nem os outros modos de falar são errados.*
>
> *Mas é bom para vocês aprender a falar e a escrever de acordo com essa norma culta e socialmente preferida. Quando saírem da escola, vão precisar dela para não serem barrados em empregos ou em outros grupos, só por causa do dialeto que vocês usam. Muitas vezes a sociedade avalia as pessoas por meio da linguagem. E é bom vocês dominarem essa linguagem não somente para obter uma boa avaliação mas, principalmente, para saberem se estão sendo justa ou injustamente avaliados.*

Essas diferentes atividades – diálogos, pequenos exercícios escritos, exposições do professor seguidos de discussão e verificação, etc. – foram acompanhadas também da leitura e exploração de textos escritos em que a linguagem culta do narrador vinha acompanhada de diálogos em diferente dialeto. Assim, por exemplo, os textos e atividades correlacionadas a eles, que se encontram às páginas 167-9.

Em duas semanas estava em condições de propor um questionário e um exercício para avaliação parcial dos resultados desse trabalho. O questionário foi feito para respostas orais, em classe, em ambiente já de mútuo auxílio.

– A sociedade é formada de um só grupo social?
– Como a gente pode distinguir um grupo do outro?
– Quem é capaz de me fazer uma frase do grupo dos jovens?
– E do grupo social dos trabalhadores da roça?
– Essa linguagem é bem-aceita por todos na sociedade?
– Por que sim? Ou por que não?
– Por que a linguagem dos professores, dos médicos, das pessoas mais ricas é que foi escolhida para ser ensinada na escola?
– A língua que vocês falam é errada? Mas ela é diferente da língua que aparece escrita?
– Por que pode valer a pena aprender a norma culta?

O procedimento adotado não foi feito por escrito, nem documentado, exatamente para não caracterizá-lo como uma "atividade escolar". Perdeu-se na precisão dos dados, mas ganhou-se na movimentação da classe e no fato de que cada um, respondendo, traduzia aos outros aspectos do problema que nem todos haviam ainda captado bem. Esse questionário foi seguido de uma tarefa por escrito em que os alunos deveriam assumir o papel de "escritor escolarizado", respeitando sempre que possível a norma culta. Como exemplo, transcrevo a provinha do aluno André Carlos Renardi:

(4) pipoqueiro:
    – Quem qué compra pipoca de 5 cruzeiro
    você:

– Eu quero comprar pipoca de 5 cruzeiros
baleiro:
– Qué bala hoje menino
você:
– Sim quero bala hoje
você:
– Toninho me dá um doce
dono do bar:
– Que doce você quer
servente:
– Num gosto desta sopa
você:
– Sim gosto desta sopa
você:
– Me dá um elastiquinho carteiro
carteiro:
– Hoje não tenho
professor:
– Amanhã quero o dever
você:
– Vou estudar bastante

Aprendizado das primeiras convenções da escrita na representação do diálogo

O que normalmente deveria ocorrer com alunos de 3.ª série é que já tivessem adquirido alguns conhecimentos sobre a representação escrita do diálogo. Entretanto, como já se pôde ver pelos trabalhos escritos das crianças, isto não tinha ocorrido com esta classe. A aprendizagem de recursos próprios à comunicação escrita teve que ser simplesmente iniciada.

Continuei, como nas primeiras atividades, a partir do aperfeiçoamento da comunicação oral das crianças, servindo-me sempre que possível das situações de diálogo efetivo, da "conversa" das crianças. Um aluno havia faltado à aula e as perguntas, respostas e exclamações dos alunos foram destacadas para o estudo da entoação característica com que eram pronunciadas:

(5) – Alguém faltou hoje?
– O Almiro faltou à escola.
– Outra vez!

ou

(6) – O Almiro faltou à aula?
– O Almiro faltou à aula.
– O Almiro faltou à aula!

Nessas frases podemos estar usando as mesmas palavras. Mas em cada uma delas estamos fazendo atos diferentes. Na primeira, estamos interrogando e queremos que a pessoa com quem falamos nos retribua com uma informação de que necessitamos para continuar a conversa. Na segunda, estamos afirmando alguma coisa, dando uma informação à pessoa com quem falamos. Na terceira, nem estamos querendo nem estamos dando uma informação: estamos manifestando nossa atitude diante de um fato que aconteceu (estamos admirados, espantados, irritados com isso).

Não foi difícil aos alunos perceberem que a diferença de sentido das orações utilizadas no pequeno diálogo, as diferentes ações que praticávamos falando não eram marcadas na expressão senão por diferentes entoações interrogativas, afirmativas e exclamativas. Aos pares, eles dramatizaram, em frente da classe, pequenas situações de diálogo, escolhendo cada qual as personagens para representar: o peixeiro, o dono do bar, o pipoqueiro, a professora, a diretora, etc. Por um lado, divertiam--se com o esforço de caracterizar a linguagem de cada um segundo o seu modo de falar. Por outro, eram levados a marcar muito claramente na entoação o tipo de expressão que produziam. Para cada tipo de oração, eu colocava na lousa o sinal gráfico de pontuação que representava na escrita a entoação da linguagem (. ? !). Ao mesmo tempo, para cada alternância de personagem ou turno do diálogo, reproduzia os sinais gráficos do travessão e dos dois-pontos.

Os alunos receberam o seu último exercício escrito (o da última avaliação parcial a que me referi nas pp. 61-2) para corrigi-lo pontuando segundo as convenções aprendidas. Como sempre, a avaliação dos resultados se fez passo a passo: nesse caso tratava-se de utilizar os pontos afirmativo, interrogativo e exclamativo; o travessão e os dois-pontos já se incluíam no enunciado do exercício, e não se considerou o uso da vírgula.

Exercícios deste tipo foram repetidos em três ou quatro aulas sucessivas, visando ao completo domínio do uso da pontuação. Ao mesmo tempo, a dramatização de situações aumentava pouco a pouco o seu domínio da técnica do diálogo. A variação das situações era uma condição para manter o interesse dos alunos; uma das situações de melhor sucesso foi a conversa telefônica entre eles sobre questões relativas à escola. Como nos casos anteriores, a uma dramatização seguiu-se a representação do diálogo na lousa, com a participação de todos, uma leitura claramente entoada, uma verificação dos diferentes sinais gráficos utilizados.

Selecionei também vários textos de livros de leitura, particularmente ricos em diálogos e com variados tipos de oração, para fazer com os alunos exercícios específicos de exploração dos aspectos que vínhamos estudando. Não me demorarei aqui sobre as técnicas utilizadas para o trabalho com esses textos (ver p. 165); chamo a atenção somente para as vantagens que pude tirar da dramatização do texto pelos alunos. Cada um assumia um determinado papel, inclusive o papel do narrador, e pouco a pouco os alunos foram se agrupando em pequenas *troupes*, segundo suas afinidades. Para uma classe irrequieta, era uma oportunidade excelente de manifestação, tanto que chegavam a "ensaiar" a representação, minutos antes de entrar em classe, nas calçadas ou no recreio. Eram os próprios alunos-plateia que por seus aplausos avaliavam o desempenho do grupo.

Quando da exploração do texto "Meninada" (p. 167) introduziu-se um novo tipo de atividade. A ideia era variar quanto possível as estratégias, para abranger todos os alunos com seus gostos e peculiaridades. Solicitei que os alunos fizessem um desenho para ilustrar o texto e, nesse desenho, reproduzissem os diálogos nos "balões" comumente utilizados nas estórias em quadrinhos. O exercício serviu para explicitar a função dos "travessões" na linguagem escrita (que vinham aparecendo sem mais observações no enunciado de vários exercícios anteriores); de fato, eles transpunham para os balões os segmentos do texto iniciados pelos travessões.

Esse tipo de exercício foi multiplicado com o auxílio de uma série sucessiva de folhas mimeografadas (pp. 66-73), cada qual apresentando um grau maior de dificuldade. (Os desenhos e os exercícios são do *Subsídios para implementação do guia curricular de língua portuguesa*, 3ª série, 1º grau.) Nos quadros da folha 1, os alunos tinham somente que construir a expressão da fala de uma personagem, de acordo com a situação representada. Nos quadros da folha 2, os balões a serem preenchidos correspondem a uma expressão de cada uma das duas personagens. Os quadros da folha 3 (pp. 68 e 69) correspondem já a uma sucessão de acontecimentos, e a fala de uma personagem deveria ser construída não somente de acordo com cada situação representada, mas com as situações sucessivas: já se exigia dos alunos a construção de peças de um diálogo assegurando-lhe uma continuidade discursiva, além da correlação entre o discurso e a sucessão dos eventos. Os quadros da folha 4 deixam espaços para a invenção de um diálogo completo entre duas personagens. Cobra-se ainda dos alunos a transcrição desses diálogos, distribuindo os turnos em diferentes parágrafos, com o uso do travessão.

A realização dos exercícios foi sempre acompanhada de outras técnicas, como a da dramatização, do trabalho coletivo na lousa, da correção dos enganos, da seleção dos trabalhos considerados melhores pelos alunos. O que resta acrescentar é que o exercício do quadro 3 foi o que apresentou a maior dificuldade, pelo maior número de restrições que impunha à seleção das expressões adequadas.

Um exercício final foi feito para verificar o aproveitamento dos alunos. Os alunos escolheram duas personagens – o sorveteiro e o menino – e construíram um pequeno diálogo entre eles. Recomendou-se um cuidado especial com a pontuação. Coloco às páginas 74-5 dois exemplos desse exercício. Apesar de se ter verificado boa compreensão das técnicas de elaboração escrita do diálogo, os enganos anotados na utilização da pontuação foram tratados em atividades especiais que incluo em "Atividades gramaticais" (p. 157).

(Folha 1)

Todas as pessoas pensam. Para que os outros saibam o que estamos pensando temos de nos expressar através de palavras ou gestos... Observe os balões de pensamento. Agora, escreva nos balões vazios, o que cada criança está pensando.

(Folha 2)

Observe as cenas de cada quadro.
Imagine um diálogo entre essas personagens e preencha os balões de fala.

(Folha 3)

Observe as cenas do quadro abaixo. Você terá que completar um dos balões para estabelecer um diálogo entre as personagens.

Eu queria tanto ir ao cinema! Mas sozinho... Será que a Vera iria comigo?

Oba! Olha a Vera! Vera... a... a

Tudo bem, Carlos aonde você vai?

(Folha 3 cont.)

Claro que quero. Em que cinema iremos?

A que filme vamos assistir?

Puxa.... pelo título parece ser bem divertido.

capítulo 2 • 69

(folha·4)

— Você vai à excursão amanhã?
— Claro! Você acha que eu iria perdê-la?
— Estou louca para ver a girafinha que nasceu.
— Eu quero ver o leão.
— Será que o Cláudio também vai?
— Se ele melhorar da gripe, acho que vai.

Transcreva o diálogo dos balões, como foi feito no modelo acima.

(folha 4 cont.)

Coloque nos boloês as falas das personagens.

— O que você tem na mão?
— Adivinhe...
— Acho que é aquele chocolate, de que eu gosto.
— Acertou.
— Oba! Vamos dividi-lo ao meio.

Observe as cenas. Imagine o diálogo e escreva nos balões. A seguir, transcreva-o para a forma convencional.

capítulo 2 • 71

Aluna: Vanderlei Ap. da Silva

Faça um desenho onde existam duas pessoas
conversando e mostre o diálogo entre elas.

"Olá!" Como vai?

Agora as personagens não estão presentes. Escreva
e não se esqueça das Travessões e pontuação.

— Você gosta de...?
— Sim, eu gosto.

aluna: Josefina Barbara de Jesus.

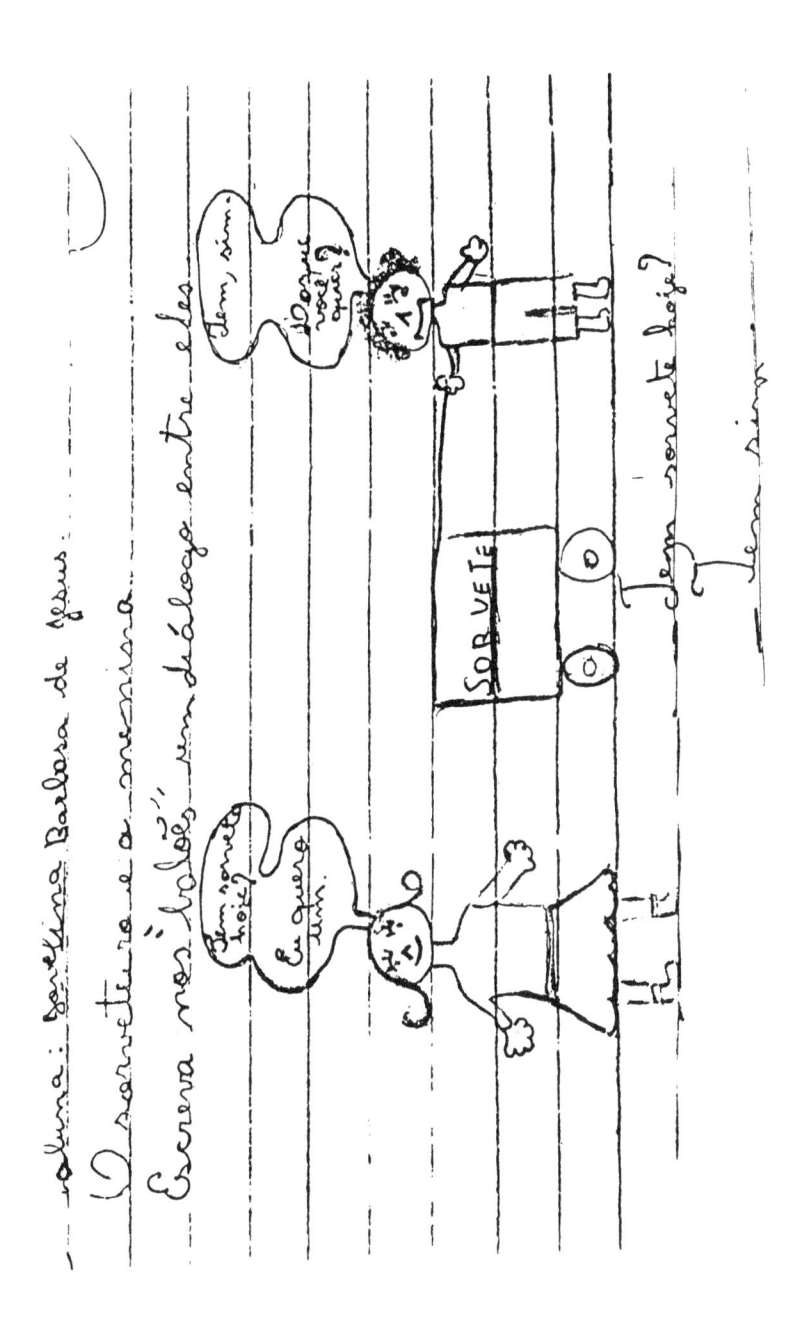

O sorvetino e a menina.
Escreva nos "balões" um diálogo entre eles.

Uma primeira pausa para avaliação do processo

Como observamos anteriormente, as crianças mostraram uma grande sensibilidade para as diferenças no uso da linguagem, para as diferenças dialetais, para alguns dos aspectos levantados em classe e sobre as relações entre a norma culta e o poder, bem como sobre a função da escola nessas relações. Vale a pena destacar algumas características para as quais os alunos foram mais perspicazes e sensíveis.

Em primeiro lugar, as crianças não separam as diferenças especificamente dialetais daquelas que decorrem do uso de certas etiquetas sociais de "boa educação". Espontaneamente, passaram a servir-se, nos seus exemplos escritos em linguagem formal e segundo a norma culta, de expressões como "por favor", "a senhora", "dona", que não se reconheciam normalmente na sua forma estabanada de dirigir-se aos outros.

(7) – Bote o lixo na rua
....
– Por favor coloque o lixo na rua Dona.

(8) – Por favor senhor delegado o senhor poderia mandar um guarda noturno na Vila Santana.

(9) – Por favor dona Diretora a senhora poderia dar a lista de material para mim.

Provavelmente, as crianças identificavam as "etiquetas sociais" e as expressões de acordo com a norma culta como exigências derivadas de uma mesma fonte; em outros termos, tratava-se de regras de uso submetidas às mesmas condições de "bom gosto", "boa educação", apanágio do mesmo grupo social.

Outro traço interessante, e que está correlacionado com esse mesmo tipo de comportamento, é o uso de atos indiretos de fala para suavizar ordens ou pedidos diretos. Assim, nos exemplos 8 e 9, as crianças usam a forma interrogativa modal para fazer pedidos.

Mas o fato mais notável e relevante para os meus propósitos é o de que as crianças identificaram diferenças dialetais que correspondem exatamente às que manifestaram nas suas próprias primeiras redações. Assim, opuseram com muita facilidade formas como:

(10) a) nois *tava escreveno*
b) nós *estávamos escrevendo*

(11) a) *tirô a cadera*
b) *tirou a cadeira*

(12) a) *ocê rasgo* o saco di lixo
b) *você rasgou* o saco de lixo

(13) a) quem *qué* leite
b) quem *quer* leite

(14) a) ...vamos *brinca* de boneca
b) ...vamos *brincar* de boneca

(15) a) ...busca os *tijolo*
b) ...vá buscar os *tijolos*
etc.

Facilmente se podem localizar nas primeiras redações dos alunos, e na análise que delas fiz, manifestações desses desvios dialetais (supressão do "u" na 3.ª pessoa do passado perfeito, supressão do "r" final, forma sincopada do gerúndio, diferente concordância nominal, etc.). Penso que a consciência dessas diferenças foi uma das razões determinantes do quase desaparecimento delas nas atividades seguintes, em que os alunos tiveram que utilizar a linguagem escrita segundo a norma culta.

Essa consciência das diferenças dialetais e do valor intrínseco igual de sua própria linguagem simples teve também o condão de desinibir e aproximar as crianças. Pude comprová-lo, indiretamente, pelas manifestações dos pais nas entrevistas finais que com eles mantive. Sem querer antecipar os dados dessas entrevistas (ver Conclusões?), refiro somente o fato de que vários deles fizeram explícita menção a esse aspecto como fator positivo para a mudança de comportamento das crianças. Observaram como seus filhos queriam "remedá" a professora ("não cum ar de deboche") para a conquista de um novo dialeto; como foi importante para eles saber que "essa língua que nóis fala num é assim errada" e "nóis num precisa tê vergonha dela".

De fato, os alunos continuavam "indisciplinados", agressivos, em muitas ocasiões. Mas já se auxiliavam mutuamente na realização das tarefas, já se organizavam para as atividades e dramatizações, já demonstravam alguma confiança em si próprios. Sobretudo, distinguiam as horas de atividade, em que desejavam produzir como alunos "normais", das horas em que eu tinha de suportá-los com seu comportamento irrequieto, quando por absoluto cansaço eu deixava o interesse da classe baixar.

Uma circunstância ocasional me permitiu avaliar a diferença no comportamento e na autoconfiança dos alunos. Certo dia, por ocasião dos exercícios de pontuação, a diretora avisou que um repórter da Rádio Central de Campinas viria entrevistar os alunos da escola de Vila Santana. Como sempre fazia, isso foi motivo para uma atividade exploratória.

> *Hoje vocês vão ser entrevistados por um repórter. Sabem o que faz um repórter? Onde vocês já viram um repórter? Vamos treinar para fazer uma entrevista com ele?*

Fiz-me de repórter e passei as perguntas na lousa (aproveitando para insistir, com giz colorido, nos sinais de pontuação, objetivo específico daquela aula):

Repórter: – Como você se chama?
Aluno: – ....

Repórter: – Onde mora?
Aluno: – ....

E assim por diante.

A chegada do verdadeiro repórter foi tranquila, com todos querendo ser entrevistados, disponíveis, atentos e até "disciplinados". Os alunos não somente estavam preparados, como também se sentiam seguros. Dramatizaram com firmeza e desembaraço textos como "Meninada" e "Futebol" (ver pp. 167-8), discutiram a Copa do Mundo, responderam com grande sentido de relevância às questões propostas. E aqueles alunos, temidos e relegados antes como "casos perdidos", foram justamente os que o repórter ocupou durante quase todo tempo disponível da entrevista. Realmente, eram os mais independentes e interessantes.

Uma observação final sobre o aprendizado dos sinais gráficos de representação do diálogo. Depois dos exercícios sistemáticos desenvolvidos, não foi mais necessário, em nenhuma ocasião, voltar aos aspectos de pontuação e grafia estudados. Os resultados parecem estar ligados à estratégia de introduzir um sinal a cada passo, e cada um a seu tempo, sem acumular exigências múltiplas de uma lista de regras. Fundamentalmente, a estratégia decorre de uma obviedade: fixar objetivos graduais e escalares e considerar exclusivamente esses objetivos para efeito de avaliação.

Capítulo 3 **As crianças começam a observar e reproduzir estórias**

Os alunos daquela classe não tinham tido oportunidade de entrar em contato com textos escritos, a não ser com os de livros didáticos (de 1.ª e 2.ª séries). E, de um modo geral, esses textos não são de boa qualidade. Mais grave: eles não correspondem a nenhum aspecto da realidade das crianças, além de serem explorados em situação artificial. O mesmo se diga em relação à distância entre a linguagem das crianças e a linguagem escolar desses textos.

Isso ajuda a explicar por que as crianças não dispunham de nenhuma habilidade para construir um discurso espontâneo: procuravam ajustar sua composição aos modelinhos limitados e repetitivos a que tinham tido acesso. Sabe-se, além disso, que tais modelos são apresentados pelos próprios professores como esquemas de composição. Embora me repetindo, insisto em que a imagem que as crianças fazem da escola as leva a anular qualquer espontaneidade verbal em favor de "respostas certas", isto é, adequadas à ideia que fazem das exigências do adulto. Seria difícil supor que se dispusessem a "correr o risco" de uma "resposta errada", por sua própria conta, fugindo aos modelos que lhes foram propostos.

Coloquei, por isso, como objetivos iniciais das atividades com a linguagem escrita:

- levar a criança a ter contato com textos organizados de modo variado, a fim de romper com os estereótipos já assimilados;
- levar a criança a ampliar o seu vocabulário;
- levar a criança a compreender e reproduzir estruturas de oração e período mais complexos, indispensáveis no texto escrito, partindo de seu próprio vocabulário ampliado;
- levar a criança a dominar as convenções gráficas do texto escrito;
- ampliar o contato da criança com o dialeto culto, aumentando sua sensibilidade para as diferenças entre esse dialeto e o seu próprio dialeto.

Considerei esses objetivos como objetivos instrumentais escolares, em relação ao objetivo a mais longo prazo de levar as crianças a utilizar a linguagem escrita como meio de comunicação e expressão de si mesmas.

O destaque desses objetivos não deve significar que eu tenha deixado à margem outros mais amplos, ainda não inteiramente atingidos: eu devia continuar trabalhando com a classe com atitudes e um relacionamento tais que levassem as crianças a se autovalorizar; a identificar-se pela linguagem com o seu próprio grupo social, respeitando-a; a constituir-se uns aos outros (e a constituir a mim mesma) como interlocutores reais numa interação satisfatória (ver p. 51).

Para atender aos objetivos indicados acima, foi adotada a estratégia de exploração de textos visando a uma reprodução final pelos alunos. Na organização dessa atividade, que engloba na verdade inúmeras atividades correlacionadas, segui no fundamental as sugestões dos *Subsídios para a implementação do guia curricular*, preparados pela Coordenadoria de Normas Pedagógicas da Secretaria de Educação do Estado. Adotei essas sugestões primeiro porque se trata de resultados da experiência de professores especialmente habilitados; segundo, e principalmente, porque achei importante para um trabalho pedagógico, realizado nas condições reais da rede escolar do Estado, que as técnicas e materiais utilizados estivessem sempre disponíveis e ao alcance de qualquer professor dessa rede a quem minha experiência pudesse servir. Não haveria, como não houve, o uso de recursos especiais, normalmente inexistentes em escolas como a da Vila Santana. É claro que, como no caso de qualquer outra sugestão de estratégias didáticas, seu uso supõe adaptações, revisões, de modo a torná-las mais eficientes para os objetivos definidos de acordo com a realidade escolar e social dos alunos. Assim, os passos, que descrevo abaixo, para a aplicação das técnicas sugeridas nos *Subsídios*, já estão modificados parcialmente; além disso, sua aplicação em minha classe exigiu cuidados, atitudes, linguagem e paciência especiais.

Os passos de exploração de texto e reprodução foram os seguintes:

1) escolha das estórias com gradação de complexidade, com progressivas dificuldades de estrutura e vocabulário, com aumento progressivo de personagens e situações;
2) leitura expressiva da estória para a classe;
3) estudo dos recursos expressivos (sintáticos e outros) utilizados no texto;
4) interpretação oral do texto pelos alunos;
5) dramatização da estória pelos alunos;
6) exercícios de ordenação e reordenação das unidades do texto;
7) representação ou ilustração do texto por meio de desenhos feitos pelos alunos;
8) reprodução da estória pelos alunos e comparação com o texto original.

Esses passos merecem algumas observações a respeito de decisões de execução. No caso da escolha dos textos a explorar e reproduzir, acabei por manter os cinco primeiros textos apresentados nos *Subsídios*. Essa decisão decorreu da observação de que eles correspondiam muito de perto a meus propósitos e não por razões de comodidade.

Adotei sempre iniciar qualquer atividade tomando como base a situação da classe e as condições de desempenho das crianças, observadas em análises anteriores. Ora, a primeira redação – "O lápis e o apontador" – se ajustava bem a esse propósito; foi escrita por um aluno de uma escola de primeiro grau (3ª série) de São Paulo e apresentava características de estrutura e composição muito semelhantes às encontradas "em embrião" nas primeiras redações de meus alunos. Transcrevo-a aqui para fazer observações mais detalhadas:

(1) **O lápis e o apontador**
Jairo Lazzarine

    Era uma vez um lápis e um apontador. Os dois eram muito amigos e trabalhavam sempre juntos. Sempre que a ponta do lápis quebrava, lá estava o apontador para ajudá-lo.
    Certo dia, o lápis vendo o apontador triste, perguntou:
    – Amigo apontador, por que está tão triste?
    O apontador respondeu:
    – Estou triste porque ontem meu dono me lavou e eu enferrujei. Agora não aponto mais.
    – Ora, amigo apontador, eu tenho um truque infalível. Quebro a minha ponta e quando nosso dono me apontar, verá sua lâmina enferrujada e lhe comprará outra.
    Assim fizeram e deu certo. Finalmente, o apontador voltou a funcionar.

Notem que o texto se compõe no esquema mais geral adotado pelas crianças (ver p. 15). Há uma apresentação das personagens, introduzidas pela expressão "era uma vez"; o episódio se abre com a "chave" – "certo dia..."; e uma pequena dificuldade se resolve afinal: "... deu certo. Finalmente, ...". Do ponto de vista dos recursos sintáticos utilizados, o texto não ultrapassa os limites observados nas primeiras redações dos meus alunos; por exemplo, as orações são quase todas de mínima complexidade, com uma ou outra expansão localizada de elementos da oração (um sintagma coordenado, um ou outro adjunto adnominal e adverbial). Entretanto, a redaçãozinha já mostra aos alunos como variar os modos de coesão das expressões com o uso das subordinações, que são as primeiras a aparecerem no texto narrativo das crianças: temporais, causais, reduzidas de gerúndio e de infinitivo (ver as indicações do quadro à p. 129). A simplicidade da redação e o fato de ter sido escrita por um aluno de 3.ª série do 1.º grau permitiam simplificar o número de passos da primeira atividade, saltando o estudo do vocabulário e das dificuldades sintáticas eventuais. Isso permitia um melhor teste do interesse e capacidade de atenção dos alunos em atividades sucessivas sobre um mesmo texto. Finalmente, o texto era um exemplo próximo de "invenção inteligente e imaginativa" de uma criança da idade deles, e não o texto de um autor consagrado, distante, com história e biografia: esse fato foi bem explorado em classe para estímulo dos alunos.

Dentre os demais textos – "A pequenina Fernanda", "A pulga ambiciosa", "Rodrigo e seus chinelos", "A margaridinha" –, um deles, este último, reproduz o mesmo esquema de composição; outro, "A pulga ambiciosa", faz variar esse modelo muito pouco; os outros dois já apresentaram aos alunos um modo de composição e construção bastante diversificado, favorecendo os exercícios destinados a atingir o meu primeiro objeto: romper os modelos estereotipados de narrativa das crianças. A observação poderá ser facilmente verificada pela leitura dos textos colocados às pp. 170 ss.

Não deixei, porém, de fazer uma pequena adaptação dos diálogos de dois dos textos escolhidos, para atender a um outro dos meus objetivos: a permanente comparação entre a linguagem coloquial e o dialeto culto da linguagem escrita. Assim, alterei a fala das personagens, procurando representar aproximadamente a fala espontânea de meus próprios alunos:

(2) ....
"Ao vê-la uma formiga perguntou-lhe:
– Pra onde vai com tanta pressa?
Ela deu um suspiro e respondeu:
– Ah! vou pra cidade comprá um bilhete de loteria.
– Pra quê?
– Pra tirá a sorte grande."
....
("A pulga ambiciosa", p. 171.)

(3) ....
– Onde tá o outro chinelo?
Surpreso ouviu uma vozinha fina e chorosa.
– Tô aqui! Ai... Ai...
....
("Rodrigo e seus chinelos", p. 172.)

Note-se, ainda, que os textos apresentam uma progressiva dificuldade pelo uso de construções sintáticas mais complexas, vocabulário mais raro, diálogos mais extensos. Por isso, a partir do segundo texto, tive que reservar um tempo maior para as atividades do terceiro passo. Num primeiro momento, estudava-se o vocabulário novo e insistia-se nas dificuldades ortográficas; utilizava para isso as anotações que vinha fazendo dos erros mais comuns dos alunos, como "derrepente", "esparamada", "comesou", etc. Dentre as atividades, os alunos copiavam as palavras utilizando giz colorido na lousa e lápis de cor nos cadernos para saliência das dificuldades, de modo a facilitar a retenção na memória; formavam pequenas frases com as palavras novas e difíceis; trabalhavam na separação de sílabas. Esse era um momento de uma certa baixa no interesse dos alunos (salvo pelo uso do lápis de cor), pelo qual associava esses exercícios a jogos que se realizavam nas sextas-feiras, como o jogo do bingo (ver p. 165).

Ainda nesse momento, os alunos se exercitavam na construção de derivações das palavras. É bom lembrar que, para uma reprodução, os alunos deveriam dispor de diferentes formas derivadas para atender a diferentes opções de construção das orações:

(4) ... O pai *estranhou* aquela maneira de deitar.
... O pai mostrou *estranheza* daquele jeito de deitar.

Num segundo momento desse passo, discutia algumas dificuldades sintáticas, comparando o texto com as observações que tinha das redações das crianças. Por exemplo, chamava a atenção para aspectos da concordância verbal e nominal; destacava os usos de formas átonas oblíquas dos pronomes pessoais, trabalhando com eles as relações anafóricas; chamava a atenção para as unidades do texto e a pontuação correspondente. Em toda essa fase não utilizei expressões metalinguísticas ou classificatórias, nem cobrei "matéria gramatical" (nesse sentido) dos alunos.

A respeito do quarto passo, basta uma breve observação. Normalmente verificava a compreensão do texto e reconstruía com os alunos suas partes principais, mediante questionários do tipo:

(5) Quais são as personagens da estória?
Como Fernanda costumava dormir?
O que quer dizer "dormir de bruços"?
etc.
(Relativo ao segundo texto.)

De um modo geral, as respostas dos alunos eram "fragmentos" de orações, correspondentes somente ao escopo da interrogação, como é natural num diálogo de perguntas e respostas. Isto era suficiente para a finalidade desse passo. No terceiro texto, porém, sentindo maior dificuldade dos alunos, levei-os a substituir as respostas fragmentárias por respostas completas. Além de perguntas visando à análise do texto, como

(6) Quais as personagens que conversam na estória?
Como a formiga fala?
etc.

ordenei as questões sobre as personagens e acontecimentos:

(7) Quem era Joli?
Onde ele vivia? e o que fazia?
Que insetos tomaram conta de seu corpo?
Como elas estavam se sentindo?
etc. (Relativo ao texto "A pulga ambiciosa"), anotando as sucessivas respostas na lousa:

(8) – Um cachorro.
– Latas de lixo.
– Pulgas.
– Muito mal.
etc.

Os alunos logo perceberam o resultado dessas respostas: não formavam uma estorinha; repetiram-se as questões e os alunos procuravam a resposta mais completa possível, obtendo-se afinal uma reprodução aproximada do texto.

Aproveitando o fato de que às vezes o exercício era interrompido pelo final de uma aula, fazia verificações de retenção do texto na memória, no princípio da aula do dia seguinte.

Depois desses quatro primeiros passos, as crianças estavam prontas para a dramatização do quinto passo. Conforme o número de personagens na estorinha, acrescidos do "narrador", formavam-se "grupos de representação" de alunos de maneira que todos, ou a maior parte deles, tivessem oportunidade de participar da dramatização do texto. Já me referi antes à importância dessa atividade para aqueles meus alunos. Foi interessante notar que, pouco a pouco, essa atividade desenvolveu-lhes confiança, expansividade, e retirou-lhes a timidez para as tarefas de classe; inicialmente, os alunos se encorujavam evitando ir à frente; insisti em que não tinha nenhuma importância se cometessem enganos, se se esquecessem dos papéis, porque eu ia funcionar sempre como "ponto", lembrando-lhes as falas, como se fosse um ensaio, até chegarem a um bom resultado. Em pouco tempo, essa era a atividade preferida pelos alunos. Formaram grupos afins para a dramatização, criavam mecanismos próprios de aprendizado, ajudando-se mutuamente: os que eram mais desajeitados ouviam amigavelmente os mais desembaraçados e procuravam imitá-los. Mudando o comportamento normalmente agressivo, faziam com que o desempenho de uns fosse dependente e complementar do desempenho dos outros, e substituíram a disputa e a animosidade entre eles por cobranças e exigências voltadas para o trabalho comum. Os alunos se tornaram pouco a pouco exigentes para com os outros e muito mais para consigo mesmos. Tornaram-se independentes de mim, a ponto de se irritarem quando eu interferia, antecipando as falas: nesse caso, faziam o possível para modificar a minha sugestão, compondo de outro modo suas próprias expressões. Tomavam ao pé da letra o que eu ensinara:

> *Se o Joli é um cachorro, não façam dele um cavalo. Mas procurem reproduzir a estória com suas próprias expressões. A estória fica mais bonita com as palavras de vocês.*

As crianças estavam, com esses passos, prontas para reescrever a estória. Assim, os passos de ordenação e reordenação das unidades do texto e de ilustração da estória através de desenhos tinham mais o efeito de uma prévia revisão, geralmente feita em um outro dia, para a atividade escrita. No caso da reordenação das unidades, apresentadas em uma sucessão de fatos desordenados, aproveitava às vezes para prévios exercícios de escrita, reforçando o aprendizado de palavras de grafia difícil para os alunos. No caso dos desenhos, aproveitava para refazer o tipo de atividade anterior em que se isolavam as falas de diferentes personagens para transcrevê-las em "balões", correspondentes a turnos de diálogos marcados na escrita por travessão.

O trabalho com o texto "Margaridinha" foi o único que se afastou desse processo em que se compuseram várias atividades antecedendo e preparando a reprodução escrita. O texto já foi apresentado de início às crianças em segmentos, colocados fora da ordem sequencial dos acontecimentos (ver p. 172). A atividade das crianças consistiu em encontrar a ordenação adequada desses segmentos, recortar os trechos e recolocá-los na ordem correta em uma folha em branco.

Com esse amplo preparo, o último passo, o da reprodução da estorinha, foi sempre realizado muito bem por todos os alunos. Assim mesmo lia expressivamente o texto antes da reprodução, passando gradativamente de uma leitura bem espaçada (um a dois parágrafos cada vez) para uma leitura menos espaçada e finalmente global do texto, da primeira estorinha à última do conjunto das reproduções. Devo advertir que, para essa primeira fase de exercícios, cobrei dos alunos uma reprodução do texto obedecendo à sequência dos fatos tais como apresentados, conservando as mesmas personagens, sem ampliações nem mudanças.

Embora tivesse uma ideia exata de como a classe estava desenvolvendo-se, e de como já estava no momento de deixar as crianças livres para a composição de suas próprias estorinhas, resolvi fazer uma avaliação bimestral em que trabalhassem praticamente sem o meu auxílio direto. Das várias partes dessa avaliação (cópia, interpretação de texto, exercícios de pontuação, ortografia) destaco aqui a reprodução. Utilizei um texto redigido por uma criança de 3.ª série, minha aluna na escola da Vila Santana em 1980. A menina Adriana era do bairro e todos a conheciam. O texto, por outro lado, referia-se à fazenda Santana, lugar de passeio e reinação de todas as crianças (ver texto à p. 174). A escolha não foi desmotivada: queria justamente utilizar o texto como um estímulo a mais para as atividades seguintes de composição livre. Se a Adriana podia fazer, por que não eles?

O resultado dessa avaliação e o progresso sucessivo dos alunos nas várias reproduções, deixo de considerá-los mais longamente aqui, visto que, para mim, o momento certo dessa avaliação seria quando estivessem redigindo suas próprias estórias. De qualquer modo, reproduzo exemplares de diferentes trabalhos dos alunos na documentação que tem início à p. 175. Lá se poderá observar como os alunos, mesmo reproduzindo estorinhas, já começam a trabalhar o texto com espontaneidade e pequenas inovações de estilo.

Faço, porém, algumas observações finais. Uma primeira para chamar a atenção sobre a importância de um procedimento que utilize as mais variadas estratégias para o preparo de uma determinada atividade. Uma reprodução precedida exclusivamente de leitura acaba por privilegiar os alunos que menos necessitam da reprodução. Poderia servir como instrumento de avaliação ou teste para obtenção de informações, mas não como instrumento de aprendizado. Os alunos se caracterizam normalmente nas escolas por extrema heterogeneidade linguística e de níveis ou graus de habilidade. Em consequência, variando as estratégias e multiplicando os tipos de abordagem de um mesmo tópico, fornecem-se a todas as crianças condições de obter resultados aproximadamente homogêneos.

Uma segunda observação visa a evitar um mal-entendido das opções que fiz. As limitações que impus às primeiras preocupações decorrem do objetivo básico de instrumentação que atribuía a essas atividades. Assim, não havia ainda proposto nenhuma atividade baseada em um texto que levasse os alunos a exercícios criativos: ampliação da estória, alteração do roteiro, criação de novas personagens, reestruturação da composição, etc. São atividades que, imagino, devem vir em sequência ao trabalho pedagógico, além do ponto em que paro nesta obra.

Revelando os pequenos "autores" da classe

A reprodução das estorinhas motivou de tal maneira a classe que passar para a produção de texto foi uma etapa imperceptível para as crianças. Embora tivesse sempre que estimular cada nova atividade, nesse momento os alunos *queriam escrever* e se sentiam *capazes de escrever*. Talvez seja impossível tabular e medir de algum modo a importância desse fator para o aproveitamento manifestado pela criança: o ambiente da classe era barulhento, inquieto, mas já era um ambiente de *trabalho*. Em outros termos, e no sentido que dei à palavra "disciplina" (p. 8), era um ambiente disciplinado, em condições de permitir às crianças um esforço de criação e composição.

Apesar dessa avaliação, estabeleci uma sequência de atividades com uma escala de dificuldades, levando as crianças de uma quase tradução de quadrinhos em textos até a composição construída por elas em todas as peças. As atividades de produção do texto foram divididas em quatro etapas:

a) estorinhas compostas a partir de gravuras de seis quadros, ordenados segundo os acontecimentos (ver p. 90);
b) estorinhas compostas a partir de gravuras de seis quadros, não ordenados (ver p. 91);
c) estorinhas compostas a partir de um parágrafo inicial dado (sugeridos pelos *Subsídios ao guia curricular*);
d) estorinhas livres compostas a partir de diferentes estímulos.

As três primeiras etapas, com variações que descreverei depois, eram ainda divididas em alguns passos preparatórios:

1) observação das gravuras para levantamento de detalhes, nomes de objetos e pessoas, sugestão de situações (no caso das 1.ª e 2.ª etapas);
2) levantamento do vocabulário ortográfico;
3) questionário para discussão em conjunto das diferentes situações e diferentes possibilidades de interpretação das gravuras, ou diferentes possibilidades de sequência do parágrafo inicial;
4) experiências de redação coletiva;
5) redação do texto pelas crianças.

GRAVURAS UTILIZADAS NA 1ª ETAPA

Comunicação – Atividades de Linguagem, livro 3 –
Reinaldo Mathias Ferreira – Ed. Ática

GRAVURAS UTILIZADAS NA 2ª ETAPA

*Comunicação – Atividades de Linguagem, livro 3 –
Reinaldo Mathias Ferreira – Ed. Ática*

O objetivo do primeiro passo era fornecer aos alunos elementos de vocabulário e expressões necessárias a várias opções de interpretação das gravuras. Utilizava as próprias informações deles estimulando a complementaridade dos conhecimentos de uns para outros (sempre que possível). Eu coordenava, estimulava o trabalho e ficava disponível para atender às solicitações dos alunos, completando as informações que buscavam. Uma das funções que assumia era a de fazer valer a maior diversidade possível de caminhos interpretativos, para possibilitar diversidade de escolhas.

No caso da segunda etapa, o trabalho era precedido de uma discussão sobre a ordenação dos quadrinhos numa sequência adequada de acontecimentos.

O objetivo do segundo passo era o de evitar a introdução de grafias erradas em palavras novas ou palavras conhecidas, mas não escritas normalmente pela criança. O aspecto bastante arbitrário de inúmeras grafias foi logo percebido; por isso, apreciei verificar que adotaram, daí para a frente, o comportamento de evitar elas mesmas escrever palavras sem prévia consulta a respeito de uma grafia duvidosa. Em todo tipo de atividade escrita, mesmo respostas a questionário, apontamentos, listas de palavras, etc., tinha que estar atenta às múltiplas dúvidas que as crianças levantavam. Outro aspecto comportamental interessante dessa atitude das crianças era o zelo por uma certa perfeição que começava a aparecer, ao contrário do comportamento desleixado e indiferente das primeiras aulas. Uma manifestação de interesse que acompanhava outros sinais sensíveis que já podia observar.

Na terceira etapa (estórias a partir de um parágrafo inicial), o exercício do vocabulário e grafia se fazia acompanhando a discussão das várias sugestões de continuidade do texto. Como no caso das etapas com gravura, ia anotando na lousa as palavras que surgiam e que suspeitava pudessem apresentar dificuldade para as crianças.

Esses dois primeiros passos acabavam tendo uma outra função: na medida em que as palavras e expressões iam sendo anotadas na lousa, elas funcionavam como "chaves" ou lembretes para a retomada do tema no momento da redação escrita. Como já observei antes, insisto no fato de que o número e a disposição das palavras na lousa deixavam abertos vários caminhos para a opção livre de composição dos alunos. Essas possibilidades eram discutidas e revistas por ocasião do terceiro passo. Na verdade, o questionário somente se fez no caso das duas primeiras etapas, isto é, no caso das estorinhas estimuladas por conjunto de gravuras:

> (9) Onde vocês acham que poderia ocorrer essa estória?
> Quando poderia acontecer esse fato?
> Como poderia estar o dia ou a tarde?
> Qual o nome do menino?
> etc.
> (Relativo ao primeiro conjunto de gravuras.)

Chamei de experiências de redação coletiva (quarto passo) um conjunto de diferentes atividades que visavam a proporcionar uma troca de experiências entre os alunos e a levá-los a um exercício rico de manifestação pessoal de uns com os outros. Uma delas consistia em solicitar contribuições a respeito da redação: sugestão de expressões, de diferentes continuações de texto, de diálogos, etc. Essas diferentes sugestões eram discutidas, aprovadas, rejeitadas ou modificadas, e anotadas pelos alunos. A partir delas, podiam compor-se diferentes versões alternativas de redações "coletivas".

Uma das técnicas era distribuir entre os alunos as gravuras: cada um dos responsáveis fazia a opção por uma das versões, expondo-a oralmente diante da classe. Cada aluno continuava a exposição, comprometido a dar continuidade à versão do quadrinho anterior. No caso das estórias estimuladas por um parágrafo inicial dado, vários alunos se dispunham a ir construindo oralmente, peça por peça, uma versão. Sempre, em qualquer caso, tomei o cuidado de dar oportunidade a todos os alunos e de criar as condições para a construção de diferentes versões possíveis.

Dados o interesse dessas atividades e a importância que lhes atribuo no desenvolvimento da capacidade redacional das crianças, faço desde já um parêntese para avaliação parcial.

Um dos primeiros resultados sensíveis desse exercício de composição coletivo foi o desenvolvimento da fluência linguística da criança. O esforço por continuar a estória levava-os muitas vezes a estendê-la por vários parágrafos. Por outro lado, tomando a noção de flexibilidade em um sentido bastante geral (enquanto capacidade de fazer variar as abordagens de um mesmo tema), o proveito dos alunos nesse aspecto foi bem visível. De certo modo, preciso retomar observações que já fiz antes: o importante nesse momento não era destacar ou premiar um ou outro aluno que já dispusesse dessa fluência e flexibilidade numa redação particular, feita entre as conchas das mãos. Ao contrário desse comportamento individualista (cada texto é uma propriedade inviolável), tão estimulado pela escola cheia de preconceitos sobre "originalidade" e qualidades literárias do texto, optei por um comportamento social de coparticipação. Em consequência, *todos* os alunos puderam aproveitar-se das contribuições mútuas e desenvolver-se de modo mais semelhante e homogêneo.

> *A gente pode não entender alguma coisa ou não se sentir capaz se realizar uma outra coisa. Mas a gente tem que procurar participar de qualquer jeito. Fazer muito esforço para isso. Ninguém vai ser chopim.*
>
> *Agora, não tem nada de mal procurar o auxílio dos outros ou auxiliar os outros, para realizar juntos uma tarefa.*

Essas atividades coletivas possuíam, em vários aspectos, funções pedagógicas similares às da dramatização (nas atividades de reprodução descritas no item anterior, p. 87). Um dos objetivos fundamentais de comportamento era, assim, estimular e ampliar nos alunos os gestos de cooperação recíprocos que apareceram por ocasião da dramatização. Algumas das ideias sugeridas por um aluno eram aprovadas e admiradas por outros, e não havia problema quando as adotavam como suas. Vale a pena um exemplo; uma das redações da terceira etapa era estimulada pelo parágrafo inicial:

(10) "Pimpim e Zazá eram dois lindos peixinhos..."

Várias continuações foram sugeridas. Entre elas, uma da aluna Simone:

(11) "... Se conheceram numa linda e grande alga marinha."

Por alguma razão, sobretudo especificidade e propriedade da expressão "alga marinha", ou talvez pelas qualidades sonoras (poéticas) dessa expressão, os alunos a aplaudiram muito, e alguns deles a incorporaram a suas redações variando o contexto.

Esse procedimento não excluía os pequeninos prazeres das descobertas pessoais, mesmo que para nós adultos e para nosso gosto as expressões pudessem ter valor duvidoso. Quando um aluno julgava ter construído uma expressão peculiar, geralmente marcada por grande espontaneidade, era logo rodeado pelos outros que discutiam o achado. Quase sempre pediam que eu lesse as passagens em voz alta para todos poderem apreciá-las. Lembro-me, por exemplo, de como se divertiam com a leitura da redação "A pescaria em Maracanã" (p. 229), da aluna Nilza:

(12) "............
Toni quis dar uma de grandão, caiu no rio, tchibum!
....
Enquanto isso, Henrique saiu pulando para a beira do mato.
Toni gritou:
– Aonde você vai?
– Estou com dor de barriga, precisa falar?"

Ou então como adotaram um certo tipo comum de solução no caso da estória do "pardalzinho", que se iniciava com um parágrafo-estímulo:

"Certa manhã de inverno, Carlinhos encontrou um filhotinho de pardal, quase morto, embaixo de uma árvore."

Quase todos preferiram um final que devolvesse ao pardalzinho a liberdade. Algumas das soluções foram muito aplaudidas:

(13) "Ele estava curado... mas ele (Carlinhos) segurou-o até que ficasse peludo, sadio e gordo.
Carlinhos então soltou-o e falou:
– Viva neste ninho, ele é todo seu pois eu não iria aguentar sem o seu canto tão lindo."
(Vanderlei: "A liberdade do pardalzinho", pp. 113-4.)

(14) ....
"Já estava na hora de libertar você. Venha todas as manhã cantar para eu poder me levantar. Se eu não quiser me levantar, bica, bica o meu pezinho..."
(Nilza: "A libertação do pardal", p. 226.)

Em virtude dessa prática, será fácil reconhecer a existência de algumas partes ou esquemas comuns em várias redações. Mas a independência e autonomia dos textos vai aumentando sensivelmente para constituir a tônica das últimas redações desta fase de atividades. Em compensação (se é preciso buscar "compensação"), ia consolidando a conquista de objetivos que considerava fundamentais:

- criara-se na classe o espaço desejado de uma rica interação;
- os alunos se relacionavam com um grupo de colaboração e co-participação nas atividades;
- eu reduzia o meu papel ao de coordenação, uma outra entre eles;
- a competição se caracterizava de um modo saudável, estimulante;
- o interesse (mesmo com altos e baixos) nascia desse mesmo espaço, afastando bastante o caráter de "tarefa", "dever" das atividades;
- redigir começava a ser uma atividade ligada ao impulso natural de expressividade de si mesmos, e mesmo parte de suas vidas (ver exemplo 23, p. 103).

Foi refletindo sobre essa avaliação que pude passar para a última etapa, a da composição de estorinhas com estímulos mais gerais, sem o caráter limitativo de orientação dirigida dos trabalhos das primeiras etapas. O trabalho dos alunos também passou a ser muito mais individual, limitando-se minha participação a ir percorrendo as carteiras para resolver dúvidas ou reforçar a motivação inicial dos que se sentiam menos "inspirados". Essas redações objetivavam, para mim, a coleta de um material que me fornecesse uma avaliação mais diferenciada das possibilidades individuais de meus alunos.

Fizemos três redações. Na primeira, fazia-se sobre folhas em branco um borrão, espremendo-se no papel três gotas de tin-

borboleta   pássaro
bicho   desconhecido
garção   morcego
pato voando   flor   leque

A borboleta desconhecida

nome: Eliane Aparecida Bigatto Paulino

capítulo 3 • 97

Os dois canarinhos

Vanderlei

Duas coruginhas conversando
dois gatinhos felizes.
Dois canarinhos.

ta, uma de cada cor. Os alunos escreviam palavras e expressões sugeridas pela forma desses borrões em suas folhas: "borboleta", "pássaro", "pato voando", "morcego", "mulher batman", "pião", "foguete", "rosa", "orquídea", "bico de mamadeira", "pirulito", "dois canarinhos", "dois gatinhos felizes", "duas corujinhas conversando", etc. (ver pp. 97-8). Depois escreviam uma estória com uma das expressões.

A segunda redação se fez na forma de uma reprodução ampliada. Passei-lhes um texto reduzido solicitando que ampliassem a estória, criando novas situações e alterando como desejassem as existentes no texto:

(15) A gravata.
    Ontem, Carlinhos encontrou uma gravata nas costas de uma cadeira. Quando colocou a gravata no pescoço, Carlinhos procurou o espelho para ver o efeito. Naturalmente, o menino não gostou, porque ela passava da cintura, chegando abaixo do joelho.
    O jardineiro aparava a grama com o tesourão.
    Pedindo o tesourão emprestado o menino cortou a gravata pelo meio.

Finalmente, para o terceiro exercício de redação, usei a técnica da multiplicação das palavras. Colocada uma palavra na lousa (a palavra "prenda", por se estar em época de festa junina da escola), os alunos procuravam outras correlacionadas ("pratos", "garfo", "carne", "boi", etc.), no jogo de "uma palavra puxa a outra". Os alunos eram convidados a fazer um círculo às cegas sobre o papel onde as palavras estavam copiadas. Deviam compor uma estorinha que utilizasse o maior número possível de palavras contidas no círculo.

Essas e outras redações serão analisadas mais minuciosamente no item seguinte. Quero deixar contudo algumas observações e avaliação geral desde logo.

Como se poderá observar melhor depois (e compulsando alguns dos textos redigidos pelas crianças, que se documentam na parte final deste livro), as crianças demonstraram maior originalidade, sensibilidade e produziram melhores estorinhas quando as restrições ou limites impostos no seu trabalho foram menores. Foi o que ocorreu no uso da "técnica do borrão". Nesse caso, conseguiram variar bastante os temas, o modelo de construção da estorinha, obtiveram melhores diálogos e chegaram a redigir alguns trechos de muito bom gosto. No caso da "técnica de multiplicação das palavras", embora todos tivessem construído longas redações com alguns episódios interessantes, eram levados, pela exigência de incluir determinadas palavras, a somar peças não muito bem conexas, artificialmente, desestruturando o texto. A técnica pode ter alguma eficiência para estimular uma fluência linguística, mas deixa a desejar se o resultado esperado é um texto coerente e bem organizado.

Essa observação crítica me dá ocasião de comentar outros dois aspectos negativos que observei nas técnicas empregadas por mim. Ao estimular os alunos mediante parágrafos iniciais, não tomei o cuidado de evitar certos "começos bonitos", do tipo habitual:

(16) "Certa manhã de inverno..."
"Numa linda manhã primaveril..."

Essa falta de atenção veio reforçar o defeito na formulação das perguntas com que provocava a interpretação das séries de gravuras, nas primeiras etapas do trabalho sobre produção de texto. Entre essas questões (ver p. 92) sempre havia uma ou outra como:

(17) Quando poderia acontecer esse fato?
Como poderia estar o dia ou a tarde?
etc.,

quase sempre no início do questionário. A consequência foi que os alunos se sentiram animados a principiar um grande número de redações com as famosas "formulinhas":

(18) "Uma bela manhã, numa quinta feira ensolarada..."
(Nilza: "A gravata", p. 227.)
"Um belo dia de primavera, ..."

(Eliane: "A borboleta desconhecida", p. 215.)
"Um belo dia de sábado..."
(Simone: "A borboleta que Maria arranjou", p. 242.)
"Era uma manhã de sol..."
(Simone: "A pescaria de Mário e Júnior", p. 243.)
"Um belo dia de quinta feira..."
(Simone: "A gravata", p. 239.)
etc.

Pode parecer um detalhe, mas isso mostra como, apesar de todo o meu esforço, as crianças continuavam muito sensíveis para captar sinais de favorecimento por mim de um ou outro aspecto das redações: os alunos mais facilmente adotam um modelo ou uma fórmula do que se dispõem a criar livremente, por razões sobre as quais já tenho insistido, relacionadas à sua concepção de escola e de trabalho escolar, bem como do que seja para elas "aprender". Um outro ponto pode mostrar o mesmo efeito negativo de uma falta de cuidado na exposição da matéria. Quando ensinei pontuação, no início das atividades com a classe, associei sempre o travessão aos dois-pontos. Assim, para cada fala transcrita com o sinal de travessão, havia precedendo um nome de personagem (Fulano disse: ...; Beltrano respondeu: ...). Ao construir seus diálogos, algumas crianças perderam muito da naturalidade e sequência, pelo fato de se sentirem obrigadas a fazer o mesmo tipo de introdução a cada turno:

(19) "O jardineiro disse espantado:
– O que você vai fazer com isto menino?
Carlinhos disse:
– Eu vou cortar uma rosa para minha mãe.
O jardineiro disse:
– Eu empresto mas traga logo o tesourão que eu ocupo."
....
(Clarice: "A gravata", exemplo 26*b*, p. 106.)

(20) "... e Maurício disse:
– Calma André, na minha latinha há bastante minhocas.
E Andre disse:
– Ainda bem que você tem bastante minhoca."
(Maurício: "A pescaria", p. 200.)

(21) "... Mamãe me disse:
– Não está cançada hoje filha?
Eu respondi:
– Hoje eu estou contente, fui boa na prova e agora vou pescar como o meu colega.
Ela respondeu:
– Vá, mas não volte tarde.
Eu disse:
– Sim, mamãe.
Eu passei na casa do meu colega e disse:
– Vamos Henrique já estamos atrasados para a pescaria.
....
... e disse:
– Hoje estou com sorte Henrique!
Ele disse:
– É bom que nós pegamos muito assim eu como bastante.
Eu respondi:
– Sim é mesmo!..."
(Eliane: "Henrique, o comilão de peixe", p. 216.)

Um outro aspecto geral que vale a pena referir é o da grande oscilação que alguns alunos manifestaram em suas redações: passam com grande rapidez de uma redação boa a uma desastrada, ou de uma péssima a uma excelente. Para exemplificar, deixem-me comparar alguns trechos de duas redações da mesma aluna:

(22) ....
"Chegando lá logo se abraçaram depois estava todos os netos da vovó e na hora do almoço Andreia deu seu presente e falou:
– Vovó, eu trouxe este presente de Campinas.
– Olha! Que lindo leque vermelho!
Vovó adourou muito o legues, era só tar calor ela já se abanava com ele.
E deste dia em diante vovó a passou ficar com o leque de lá pra cá."
....
(Jovelina: "O leque da vovó", p. 224.)
"De repente quando a menina foi subir caiu no rio e gritou:
– Socorro, socorro, mamãe, papai!
– Rita, eu escutei a voz da Silvana.

– Imagina, meu bem!
– Então eu me enganei.
Mas o pai da Silvana quando olhou, a menina já estava quase morrendo, boiando na água. Coitadinha!
Pegou-a e levou para o hospital...
Quando ela viu sua mãe e seu pai, correu abraçá-los.
Saíram e foram embora felizes da vida porque Silvana..."
(Jovelina: "A insistência de Silvana", p. 225.)

Isso nos adverte de que o trabalho, apenas iniciado três meses e meio antes, exige ainda uma certa continuidade, um processo contínuo de aprendizado, para consolidar-se em um comportamento natural e constante. Sobretudo necessita de um esforço para manter o comportamento dos alunos, diante de seu trabalho escolar e diante de seus próprios textos, com as qualidades que apreciamos anteriormente (ver p. 95). Fazer com que redigir não seja responder a uma "provinha" bimestral, mas uma necessidade vital. A propósito, quero ainda relatar outro episódio para exemplo.

Vimos como os alunos se interessavam uns pelos trabalhos de outros, como participavam juntos dos seus pequenos sucessos. O que porém me causou muita admiração foi o fato de que as redações, inseridas já em sua vidinha escolar, chegaram também à comunidade e ao bairro. Em várias ocasiões a vizinhança se reunia em torno dos pequenos textos. Em um dos casos, o "pequeno autor" era o Almiro. Tendo perdido sua avó, substituíra-a no afeto por uma velhinha do bairro. A estorinha construída a partir de um borrão reproduzia a história desse afeto:

(23) "Um dia, vovó estava muito triste e eu perguntei:
– Por favor, fique mais alegre vovó.
Aí eu fui até minha casa, apanhei quatro botão de rosa.
Fui para lá, entreguei os botões de rosa.
Aí perguntei:
– Agora a senhora se sente mais feliz?
Daí vovô chegou do serviço, e foi ver vovó. Mais vovó estava muito ruim e vovô também perguntou:
– Como se sente? Precisa de algum remédio?
Nossa! vovó está melhorando!

> Muito obrigado meu Deus por ter curado minha vovó, vou rezar muito, eu sei que o senhor é bom.
> Aí no outro dia, o menino trouxe mais rosas e ela já estava curada e muito contente.
> – Obrigada meu netinho querido, pela flor e por ter se preocupado comigo.
> Aí vovó convidou o netinho para almoçar e ele falou:
> – Vou avisar mamãe.
> – Vá mesmo meu netinho.
> Isso que é gente boa! Ele é muito bonzinho."
> (Almiro: "A flor da vovó".)

Certamente não se trata de uma peça literária. Notam-se os artifícios para ligar o texto (aí... aí... daí...), hiatos, enganos de concordância. Mas o importante é que o Almiro se sentia mesmo dentro de seu texto: o "menino", de que fala, se alterna e se confunde com o "eu" do narrador. A vizinhança toda se reuniu para ler a história, e a senhora que se reconheceu na história como a "avó" se sentia comovida e agradecida. A mãe lembrava o fato em seu depoimento nas entrevistas que colhi ao final do semestre:

> "Toda vizinhança foi ver as coisas que o Almiro escreveu. E a estória dedicada à vó dele comoveu todo mundo. *E agora, toda hora, só quer compor estorinhas e mostra orgulhoso pra todos.*"

Com todos os seus defeitozinhos, essa redação ganha outra avaliação e mérito se a compararmos com a primeira que retranscrevo aqui:

> (24) "Era uma vez um cão aí no mesmo instante um coelho ladrão viu cenouras e foi roubar aí o cão viu e latiu muito aí o dono soltou correu, correu e aí o coelho passou a cerco e o cachorro voltou. Ola vizinho ola meu vizinho eu vou sair e vou soltar o cachorro quem entrar vai sair mordido."
> (Almiro: "O cão e o coelho ladrão".)

É claro que eu não podia propor-me como objetivo transformar aqueles meus alunos em "pequenos autores". Nem podia ter a pretensão de obter deles textos inteiramente acabados. Satisfaço-me bastante com a mudança de atitude diante do texto de um menino (e de outros) como o Almiro. É um bom resultado ter conseguido despertar neles a ambição de ser "autores". Divertia-me em vê-los identificar-se como tal na epígrafe de suas redações. E, certamente, a simples comparação de seus trabalhos iniciais com seus trabalhos finais, em leitura direta, sem mais análise, já permite ver que tinham ganho muitíssimo em fluência, em flexibilidade, em originalidade, em espontaneidade. Em uma palavra, em criatividade.

Como fiz no caso do Almiro, vou facilitar ao leitor a comparação, transcrevendo aqui mais dois pares de redações:

(25) *a*) "Havia uma abelhinha muito alegre.
Um dia ela voi pasear na jadim en con tou uma for mui boninta ela a abelhinha foi lá e chupou a flor e derrepente desmaio porque a flor era venenosa ela desmaio e a senhora borboleta passou e viu a abelhinha demaiada e viu e chamou o médico.
A borboleta ficou muito contente de estar curada."
(Evanil, primeira redação.)

b) "Maria era uma pobre menina.
A sua família era pobre, como estava chegando os dias das mãe Maria ficou pensando o que ela iria dar para sua mãe.
Maria e sua família morava numa bela floresta.
A menina encontrou um caipira com um gato na mão e disse:
– Você vai jogar esse belo gato?
O caipira respondeu:
– Vô sim.
Maria disse:
– Então, porque não dá pra mim?
– Se você quisé eu dou pa ti.
Maria agradeceu muito o caipira e foi para casa. O gatinho que Maria ganhou era branco como uma neve e as listas cor de abóbora. Maria deu muito alimento para o gatinho. Passou dois dias, o gatinho estava forte e sapéca. Maria amarrou no pescoço do gatinho uma fita vermelha e um versinho.
Maria deu aquele gatinho com amor e carinho."
(Evanil: "O presente da mamãe".)

(26) *a*) "Era uma vez um cachorrinho chamado Lulu ele éra muito massinho.
Um dia Lulu foi andar pela rua e viu uma casa ali tinha uma velhinha e um gatinho ela estava fritando bolinho e o cachorro foi alá e pegou os bolinho e a velhinha pensou que era o gato e deu uma surra.
A velhinha disse
Esta surra que eu dei em você é para você se comportar bem."
(Clarice, primeira redação.)

b) "Num belo domingo de manhã Carlinhos, de apenas cinco anos, levantou, lavou o rosto e tomou o seu café da manhã. Depois que ele tomou o café Carlinhos viu uma gravata na costa de uma cadeira. Carlinhos foi ponhar em volta do pescoço e ficou muito grande. Naturalmente o menino não gostou porque ficou abaixo do joelho.
Ele foi abrir a janela e viu o jardineiro com um tesourão e teve uma ideia:
– Eu vou pedir emprestado o tesourão do jardineiro.
Carlinhos foi lá no jardineiro e falou se ele não podia emprestar o tesourão. O jardineiro disse espantado:
– O que você vai fazer com isto menino?
Carlinhos disse:
– Eu vou cortar uma rosa para minha mãe.
O jardineiro disse:
– Eu empresto mas traga logo o tesourão que eu ocupo.
O menino foi para sua casa e cortou a gravata.
Depois ele levou o tesourão para o jardineiro e disse:
– Muito obrigado, você foi um amigão.
Carlinhos chegando perto de sua casa escondeu a gravata, seu pai disse:
– Meu filho, você não viu uma gravata que estava na costa de uma cadeira?
O menino assustado disse:
– Eu não vi não, papai.
Seu pai foi trabalhar sem a gravata."

"No outro dia Carlinhos esqueceu e colocou a gravata e seu pai falou:
– Bonito heim, seu moleque você vai ver agora.
Pegou uma vara e bateu em Carlinhos.

– Isto é para você aprender não mexer na minha coisa.
Carlinhos chorando disse:
– Desculpe papai, desculpe nunca mais eu mexo nas suas coisas.
Seu pai ficou arrependido de bater naquele menino e disse:
– Filhinho vamos passear?
Carlinhos todo contente disse:
Oba! Vamos papai.
Quando chegou no caminho Carlinhos viu um homem com uma gravata e disse para seu pai:
– Papai compre uma gravata para o senhor.
Seu pai respondeu:
– É mesmo eu vou comprar outra gravata para mim.
Chegou na loja e o pai do menino comprou uma gravata azul marinho e Carlinhos perguntou:
– Papai e aquela gravata que eu cortei o senhor me dá ela?
– Claro que dou você disse que não vai mexer nas minhas coisas. Aquela gravata fica de presente para você."
(Clarice: "A gravata".)

Posso anotar os enganos na concordância, as repetições, uma ou outra expressão como "ponhar"; também se vê que a redação da Clarice, dividida em dois capítulos, seria mais leve e ligeira se não repetissem tanto os anúncios das falas; disse, respondeu, perguntou... (o que já observei dever-se provavelmente a engano meu nos exercícios de pontuação). Mas não tenho dúvida em considerar que o progresso é mais que visível e muito além das expectativas que eu mesma me tinha.

Poderia mesmo simplesmente continuar transcrevendo pares de composições como essas. Entretanto, julgo muito importante detalhar um pouco mais a análise, sobretudo pela relevância que elas tiveram para o próprio encaminhamento de meu trabalho.

É o que farei no próximo item.

Para iluminar detalhes e aspectos das redações

As redações das crianças foram avaliadas passo a passo, para informar a prática pedagógica subsequente; mas não me será possível trazer aqui uma análise exaustiva e detalhada de todas. Devo, por isso, selecionar alguns aspectos que procurarei iluminar, possibilitando uma avaliação do efetivo progresso dos alunos. Não parece relevante aos meus propósitos apresentar resultados de uma avaliação individual, tentando mostrar que por algum critério determinado cada aluno, ou a média da classe, obteve um número significativo de "pontos a mais" em uma dada escala. Interessa-me fazer observar que, em diferentes aspectos, há uma alteração qualitativa das redações das crianças: todas elas, uma vez uma, outra vez outra, vão demonstrando que são capazes de se expressar por escrito quando se sentem motivadas, quando se sentem no momento e lugar propício para uma manifestação pessoal. Quero lembrar observação já feita nesta obra de que os alunos, mesmo apresentando todos um progresso visível, não obtêm resultados uniformes no curso do processo. Um dia, para um dado tema, com uma certa estratégia de desenvolvimento da atividade, respondendo a um estímulo particular, ora é uma, ora é outra criança que me surpreende com um texto excepcional relativamente ao ponto de partida inicial da classe.

Para começar com um dos tópicos da análise das primeiras redações, lembro que elas foram todas reproduções parciais e desajeitadas de estorinhas do fabulário infantil tradicional ou de textos dos livros didáticos das primeiras séries do primeiro grau. Por outro lado, apresentavam-se marcadas pelo estereótipo de organização estrutural dessas estorinhas. Um ponto a verificar é como as crianças, de um modo bastante geral, conseguiram fugir a essa dependência, construindo relatos e narrativas de sua própria invenção, seguindo novas formas de composição.

A avaliação desse aspecto não pode ser feita do mesmo modo sobre todo o material de textos produzidos pelas crianças. As primeiras atividades de produção de textos foram feitas, ainda, sob uma orientação muito restritiva: tratava-se de estórias feitas a partir de sequência de quadros (ver pp. 90-1), que decidam sobre o tema, sobre o modo de desenvolvê-lo, sobre episódios e sequência dos acontecimentos. Esse material, portanto, não é adequado para uma avaliação da inventividade das crianças. Seu objetivo ainda era o de instrumentação. Algumas observações, porém, já poderão ser feitas sobre as redações compostas a partir de um primeiro parágrafo (ver item c, p. 89).

É bom recordar, desde logo, que no caso dos textos elaborados com auxílio dessa técnica utilizou-se amplamente a discussão em classe, numa forma de redação coletiva que descrevemos à p. 93. Assim, apesar de expressivas manifestações individuais, os textos refletem um esforço comum das crianças, resultado desse trabalho conjunto. De um modo particular as redações compostas a partir dos dois primeiros parágrafos-estímulo ("Certa manhã de inverno..." e "Pimpim e Zazá eram...") acabaram apresentando esquemas gerais de organização adotados pela maioria das crianças. Cada redação, porém, realiza de maneira distinta as unidades desses esquemas gerais, variando também a forma da linguagem com maior ou menor sucesso.

No caso de "Certa manhã de inverno...", em que o parágrafo inicial se referia ao encontro de um pardalzinho quase morto, as estórias prosseguem:

– o menino, Carlinhos, fica com dó e leva o passarinho para casa;
– há diferentes diálogos com a mãe que, apesar de várias atitudes, acaba por auxiliar a criança no cuidado e tratamento do pássaro;
– o pardalzinho fica curado e forte;
– o menino, embora triste, solta o pardal para a liberdade.

Como tenho feito em outros lugares desta obra, mesmo que as redações selecionadas e citadas estejam documentadas em cópia nas páginas finais deste trabalho, reproduzo aqui uma das redações que realizam bem esse esquema:

(27) "Certa manhã de inverno Carlinhos encontrou um filhotinho de pardal quase morto embaixo de uma árvore.
Pegou o pobre passarinho e levou-o para casa e disse a sua mãe:
– Mamãe! Mamãe! Venha ver o que eu achei corra.
Sua mãe rapidamente correu para ver o que aconteceu, dizendo:
– Nossa o que aconteceu filhinho?
Ele respondeu:

– Mamãe, eu achei este passarinho ele estava dibaixo de uma árvore quase morto.
Ele criou o passarinho até ele ficar bem grande.
Depois passado um tempo Carlinhos resolveu soltar o pássaro e disse:
– Vá para a liberdade meu pobre pássaro. Mas volte para me visitar."
(Eliane: sem título.)

A título de exemplo, vejam-se alguns pequenos trechos que mostram a busca de soluções, no interior desse esquema geral, para o encontro do passarinho, para o diálogo com a mãe, para o diálogo com o passarinho na hora de libertá-lo, etc.:

(28) "Pegou o filhotinho e pôs dentro da camisa e o filhotinho estava quase quentinho..."
(André: "O pardal", p. 190.)

(29) "– Será que mamãe vai deixar você ficar em casa?
– Piu, piu, piu, piu.
– Acho que ele esta com fome. fique aqui senão mamãe pode te ver."
(Sílvia: "A gentileza do menino", p. 234.)

(30) "– Filhinho, porque você trouxe este filhotinho de pardal?
– Mamãe, é para cuidar dele, deixe-o ficar, mamãe!
Ela não resistiu, deixou ficar."
(Simone: "O pobre pardal", p. 237.)

(31) "O pardalzinho já estava ficando bom. Passando alguns tempo o pardal ficou forte, bonito e gordo.
Carlinhos falou ao passarinho:
– Já estava na hora de libertar você. Venha todas manhã cantar para eu poder me levantar. Se eu não quiser me levantar, bica, bica o meu pezinho para poder me levantar."
(Nilza: "A libertação do pardal", p. 226.)

No caso da redação estimulada pelo parágrafo apresentando Pimpim e Zazá, os dois peixinhos, o esquema geral mais adotado foi o seguinte:

- os dois peixinhos se encontram ("No fundo do mar", "atrás de uma grande pedra", "em uma linda e grande alga marinha", "em uma gruta");
- em alguns casos, namoram (com diálogos de um encontro amoroso).

Numa segunda parte,

- há uma situação de perigo, representada algumas vezes por outros habitantes do mar ("tubarão", "polvos", "ostras gigantes"), e em outros casos pelos pescadores e seus anzóis;
- a solução normal é um ato de heroísmo (geralmente do Pimpim, mas também da corajosa mãe Zazá), com final feliz (uma única vez o final é trágico, com o desaparecimento de Pimpim e a morte de um filho).

A estorinha de Simone representa uma das realizações mais bem-sucedidas desse esquema, principalmente porque ela liderou bastante a discussão preparatória; aliás, de todos os alunos, Simone era a que tinha uma experiência vivida de beira-mar, no Rio de Janeiro, de onde fora transferida. Seria o caso de insistir no fato de que uma redação não resulta somente das atividades em sala de aula: beneficia-se das experiências concretas de vida que formam o *background* para o exercício da linguagem.

(32) "Pimpim e Zazá são dois lindos peixinhos. Viviam sempre juntos procurando comida para comer. Se conheceram numa linda e grande alga marinha.
Muito tempo depois, Zazá teve três filhotinhos muito bonitinhos e dourados. Pimpim ficou muito feliz.
Mais tarde os três peixinhos estavam numa gruta brincando de esconde-esconde e outras brincadeiras. Então apareceu na gruta um peixe-espada muito feroz. Cricri e Dourada gritaram:
– Socorro, mamãe!
– Socorro, papai!
E Zazá foi ver o que é que estava lá, Zazá falou:
– Dourada e Cricri aonde vocês estão?
Cricri falou:
– Estou aqui, mamãe!

> Zazá, devagarinho pegou uma pedra e tacou no peixe espada quebrando a espada do peixe.
> Pimpim ficou observando como a Zazá agia bem!"
> (Simone: "A coragem da Zazá", p. 238.)

Como fiz no caso da redação anterior, vale a pena mostrar como as crianças iam traduzindo, em seus termos, diferentes aspectos dessa estrutura geral:

> (33) "Numa noite muito escura Pimpim estava passeando com uma ideia de arrumar uma namorada. Ia indo de repente viu uma peixinha em perigo uma baleia queria comer. Pimpim perguntou:
> – Como você se chama?
> – Eu me chamo Zazá gritou Socorro, socorro salve me."
> ....
> (Sílvia: "A inteligência de Pimpim", p. 235.)

> (34) "... e Pimpim pediu a mão de Zazá em casamento.
> Ela ficou tão envergonhada que até deu um suspiro e disse:
> – Ah! Fais dois anos que ninguém pede minha mão em casamento.
> Mas Pimpim respondeu:
> – Agora eu estou pedindo sua mão em casamento, você aceita?
> Zazá ficou meio sem jeito mais quis."
> (Renata: "O orgulho de Pimpim", p. 230.)

> (35) "Eles brincam de esconde-esconde se escondendo atrás das rochas e embaixo das areias. Zazá, Pimpim e seus dois filhotes tem muito tempo para brincar e comer bastante."
> (Maurício: "A esperteza de Pimpim".)

> (36) "Os dois filhos eram tão bonitinhos que levou a floresta para conhecer os peixinhos e quando estavam no caminho viram o barco de pesca. Correram para a gruta:
> – Fiquem aí.
> E o Pimpim e Zazá foram la. Zazá tão esperta que coseguiu tirar a isca do anzol e levou para os dois gemios. Pimpim ficou tão admirado de ter visto aquilo!"
> (Marcelo: sem título, p. 196.)

A terceira redação composta nessa técnica iniciava-se com um parágrafo que levava as crianças a uma fazenda vizinha ao bairro. Neste caso, cada aluno seguiu seu próprio caminho, na medida em que o texto se transformava (em geral) em um relato de pequenas aventuras, dos períodos de lazer de sua própria vida. Os alunos demonstraram já boa fluência, mas a estrutura das redações acabou resultando em episódios agrupados, com várias personagens e diferentes sucessos. Os textos perdem bastante em coesão e força. Quase todos reproduzem redações de "passeio" que tantas vezes encontramos na escola:

– há convites iniciais para um piquenique;
– participam o pai, a mãe, crianças e amigos;
– organiza-se uma pescaria; em algumas redações, um passeio a cavalo, pastoreio de gado (correspondendo à situação real da fazenda Santana, cruzada pelo rio Atibaia);
– entremeiam-se episódios diversos, muitos relatando um perigo qualquer (cobras, tombos de cavalo, corridas de vaca, dor de barriga, etc.).

Vou deixar algumas conclusões que já podiam ser tiradas dessas redações para o final deste item, para evitar tornar-me repetitiva. Assim, a melhor maneira de completar essa apresentação dos resultados desta série de atividades (redações feitas a partir de um parágrafo inicial) é transcrever três redações cuja feitura me parece mais bem-acabada e imaginosa:

(37) "Certa manhã de inverno Carlinhos encontrou um filhotinho de pardal, quase morto embaixo de uma árvore. Então ele pegou-o para criá-lo.
Sua mãe lhe disse:
– Você acha que vai curá-lo, Carlinhos?
– Sim, mamãe, eu vou fazer o possível.
– É, não custa nada tentar, meu filho.
E dona Josefa foi ao supermercado comprar comida para ele. Enquanto isso ele ia fazendo curativo no coitadinho.
Depois dona Josefa trouxe o alpiste e disse que seu Manuel falou que é a melhor comida para pardal.
Logo depois, ele estava fazendo assim:
– Piu, piu, piu, piu, piu.

Ele estava curado depois foi tirado o curativo e ficou despenado mas ele segurou-o até que ele ficasse peludo, sadio e gordo. Carlinhos então soltou-o e falou:
– Viva neste ninho, ele é todo seu pois eu não iria aguentar sem o seu canto tão lindo!"
(Vanderlei: "A liberdade do pardalzinho".)

(38) "Pimpim e Zazá eram dois lindos peixinhos. Os dois moram no fundo do mar e brincam de esconde-esconde atrás de uma rocha.
Um dia ele viu uma linda peixinha e começou a gostar dela.
Outro dia ele foi nadando e viu Zazá e falou:
– Você é uma linda peixinha. Você não quer namorar comigo?
E Zazá deu uma respiradinha e disse:
– Ah! Como eu quero namorar com você. Sabe você é lindo! Então os dois se casaram e tiveram dois filhinhos deu o nome de Douradinho e o outro chama-se Flip. Os dois filhinhos era ainda pequeno.
Um dia um peixinho estava chamando porque estava com fome e seu pai disse:
– Espere um pouco eu vou buscar comida a você.
Quando ele ia saindo ele viu uma poeira e disse a sua mulher:
– Não saia daqui tem um animal feroz aqui.
E Zazá perguntou a seu marido:
– Que bicho que está aí fora?
– É um polvo pegou nossos dois filho Douradinho e Flip.
Então Zazá pegou e saiu pra fora e puxou a perna do polvo e fez cosquinha na barriga dele e conseguiu salvar os dois seus filhos.
E Pimpim se orgulho muito de sua mulher e disse a ela:
– Você é corajosa. Eu estou orgulhoso de você!"
(Nilza: "Orgulho de Pimpim".)

(39) "Numa linda manhã primaveril, Paulinho resolveu ir até a fazenda Santana. Sua mãe que adorava ir então também foi.
Quando chegaram a fazenda, ele começou a correr de alegria, e corre de cá e corre de lá.
Paulinho tinha ouvido meus amigos dizer que quando a gente está de roupa vermelha, a vaca corre atrás. Mas ele e sua família estavam todos de vermelho. Quando olha para trás ele vê a vaca, e começa a correr desesperado, sua mãe que não corria nada escondeu.

Mas seu pai morria de dar risada, mais que morria, ele ria tanto por que nunca vaca vai pergar, isso é uma brincadeira que a turma diz.
Então seu pai falou:
– Vamos embora Paulinho e, Maria, a vaca não come gente!
Foram embora porque já estava escurecendo.
Paulinho falou:
– Papai e mamãe, olha vamos embora eu estou com medo!
– Medo de que menino?
Então foram embora todos felizes mas pela cara de Paulinho ele não gostou."
(Jovelino: "O medo de Paulinho e sua mãe".)

A última série de atividades, em que a produção de textos foi mais livre, corresponde à reprodução ampliada do pequeno texto "A gravata", o uso da técnica do borrão e o uso da técnica de multiplicação de palavras (ver pp. 98-101). Quero descartar logo a composição feita com a técnica de multiplicação das palavras como instrumento adequado de avaliação. Já fiz observações críticas a essa técnica empregada por mim: de fato, o conjunto de palavras delimitado ao acaso constituiu ao mesmo tempo um fator de dispersão e um fator restritivo muito forte. Por um lado, as palavras não formavam um esquema bem configurado por correlações (morcego, louça, prenda, corte, prato, faca, dormir, etc.; filhote, pequeno, gigante, animal, caminhão, etc. – ver pp. 203-4, 213), levando as crianças a forçar situações, multiplicando episódios mal coesos só para cumprir a tarefa de empregar o máximo possível de palavras. Por outro lado, essa mesma fonte de incoerência impedia a imaginação livre da criança: ela ficava presa a poucas opções, resumindo-se sua inventividade a descobrir uma artimanha ou truque para costurar os episódios em um texto. Um mero jogo de encaixe.

No caso da redação "A gravata", a solução comum mais geral foi a de ampliar o texto para incluir o pai e suas reações diante da travessura de Carlinhos. As redações se incluem no tema habitual de "reinação e castigo ou perdão". Há, contudo, uma grande variação na construção das situações, nas atitudes e falas das personagens. Exemplifico.

Alguns alunos buscaram ampliar o início do texto, complicando a descrição do achado da gravata, pelo menino:

(40) "Num domingo, Carlinhos levantou da cama e correu para o quarto de seu pai. Chegando lá, Carlinhos bateu na porta e ninguém atendia e ele abriu a porta do quarto entrando devagarinho viu a gravata dependurada nas costas da cadeira."
(Marcelo: "A gravata", p. 197.)

(41) "Uma bela manhã, numa quinta feira ensolarada, o pai de Carlinho foi trabalhar e esqueceu a gravata na costa de uma cadeira. Carlinho viu e saiu correndo atrás de seu pai para lhe dar a gravata mas não deu tempo de entregar. Então Carlinho pegou a gravata e colocou nele mesmo."
(Nilza: "A gravata", p. 227.)

Para conseguir o tesourão, a fim de cortar a gravata, os alunos descreveram diferentes artifícios utilizados pelo menino. A passagem foi bem discutida por eles na fase de preparação, do que resultou uma tendência geral ao uso de uma mentira que justificasse a entrega de um tesourão pelo jardineiro a um menino de cinco anos. As variações são interessantes:

(42) "Olhou pela janela, um jardineiro, foi até o jardim e pediu:
– Empreste-me um pouco o tesourão?
– Prá que?
O menino falou
– Pra cortar uma rosa.
– Tome, mas traga logo, o jardineiro disse."
(Evanil: "A gravata", p. 219.)

(43) "Ele viu o jardineiro cortando a grama com o tesourão. E foi lá emprestar a tesoura. E falou
– Seu João, o senhor empresta a tesoura?
– Pra que, Carlinhos?
– É para cortar a grama que esta subindo pela escada.
– Tudo bem."
(Vanderlei: "A gravata", p. 202.)

(44) "... Carlinhos teve uma ideia:
– Vou pedir o tisorão para o jardineiro.

Foi e pediu:
- Jardineiro, mamãe falou para você emprestar o tisorão para ela!
- Esta bem, mas fala para ela ir logo.
- Eu falo sim!
Carlinho foi correndo para sua casa e cortou a gravata."
(Érica: "A gravata", p. 217.)

(45) "– Acho que eu vou brincar com essa gravata. Ah! Mais é muito grande, acho que vou cortar.
Aí, o menino olhou para trás viu o seu Arlindo carpindo a grama. Seu Arlindo enquanto foi pegar o boné porque o sol estava muito quente, Carlinhos devagarinho apanhou o tisourão e saiu correndo para cortar a gravata."
(Renata: "A gravata", pp. 231-2.)

E no final vão aparecendo várias imagens do pai, reproduzindo-se às vezes com perspicácia (embora nem sempre com felicidade) cenas domésticas bem comuns em nosso meio:

(46) "... seu pai estava zangado com a mãe de Carlinho e disse para mãe de Carlinhos:
- Onde está minha gravata?
- Onde está?
Carlinhos amedrontado disse:
- Foi eu papai, foi eu.
O pai de Carlinhos disse:
- Aonde está minha gravata?
O menino disse:
- Eu cortei-a.
Vagner, pai de Carlinhos, deu umas palmadas e Carlinhos tomou juizo."
(Evanil: "A gravata", pp. 219-20.)

(47) "Quando seu pai viu ficou muito zangado com Carlinhos e lhe xingou e quase bateu nele, só não bateu porque a mãe de Carlinhos não deixou.
E agora só ficava xingando porque a gravata era para ele ir em uma reunião. Teve que comprar outra e custava mais de mil cruzeiros.

Então desse dia em diante Carlinhos ficou triste e queria contar e explicar mas seu pai nem sequer escutava. Carlinhos ficou de castigo do dia vinte de março até o dia quinze de novembro. Só saia pra ir no pré primário.
(Jovelina: "A gravata", p. 222.)

Sugiro agora que volte o leitor ao exemplo 26b, p. 106, em que se transcreve a reprodução da Clarice. Ela estava certamente em seu dia de grande vontade de escrever. Para todas as passagens encontrou soluções originais, diálogos interessantes, expressões felizes. Estruturou sua redação em dois bem desenvolvidos capítulos, garantindo a cada um características de unidade, distinção e coerência.

A releitura desse texto é melhor sugestão que descrevê-lo.

O progresso dos alunos no que diz respeito a originalidade e inventividade, bem como no que se refere à capacidade de estruturação do texto, fica mais visível nas redações compostas pela técnica do borrão. Há variações de nível, como é de se esperar, mas os alunos construíram todos os textos com recurso exclusivo às suas lembranças e imaginação.

Dentre os temas, predominam ainda relatos de cenas familiares. São desse tipo "O pião", da Clarice, pp. 208-9; "O presente da mamãe", da Evanil (já transcrita no exemplo 25b, p. 105); "A chupeta perdida", da Sílvia. Esta última, com todos os traços de ingenuidade de uma criança de 3ª série, é um outro bom exemplo de como os alunos começam a buscar novas formas de organização de seu texto:

- a primeira parte do texto relata um episódio: o sumiço de uma chupeta e o esforço do pai para encontrá-la;
- duas orações intermediárias deixam transparecer que o episódio se inseria em um contexto de crise;
- a crise se manifesta na segunda parte do texto, com uma solução trivial.

Vou transcrevê-lo para que esse aspecto da estruturação fique em relevo:

(48) "Numa noite muito escura Eliana perdeu sua chupeta seu pai teve de ir a casa de sua avó.
Chegando lá sua avó falou:
– Meu filho o que veio fazer aqui a esta hora?
Seu pai falou:
– Vim buscar a chupeta de sua neta Eliana.
Chegando em casa Eliana começou a gritar:
– Viva, viva, como papai ficou bonzinho.
Sua mãe ficou muito admirada mas não disse nada.
Quando chegou o domingo seu pai começou a gritar com Eliana e com sua mãe. Sua mãe começou a chorar. Eliana correu chamar sua avó sua avó falou:
– Eliana vamos deixar seu pai e ir para São Paulo.
Lá em São Paulo viveram sempre felizes."
(Sílvia: "A chupeta perdida".)

Dessas redações que refletem pequenos pedaços da vida observada pelas crianças em seu bairro é um exemplo também a que transcrevemos antes no exemplo 23, pp. 103-4. ("A flor da vovó", do Almiro). Para quem conviveu com as crianças, outras redações refletem bem não somente aspectos de vida no bairro, como valores expressos no discurso ideológico liberal burguês que alimenta pequenas ilusões: o prêmio da obediência e da virtude, a possibilidade de acesso a situações melhores com base no esforço pessoal. Já tenho aludido a esse tipo de tema. Transcrevo somente um outro exemplo:

(49) "Certo dia, minha irmã saiu apressada para sua aula de balé.
Ela tinha que ensaiar para próxima peça musical.
Mas era um dupla e a qual dupla que ganhar iria ganhar uma coroa muito linda e colorida.
Mas ela ficou muito triste porque não podia ganhar. Heliane sua irmã viu aquela tristeza e lhe disse:
– Tenha fé e tudo você conseguirá.
Raquel olhou para sua irmã e disse:
– Eu vou enfrentar todos os perigo e conseguirei a coroa que eu sempre desejei.
Passava mais e mais tempo e Raquel treinando e passava dia e mais dias e finalmente chegou o dia que ela queria.

Raquel entrou no palco sem jeito ela olhou todos os cantos e em cada canto tinha uma dupla mais ela não tinha dupla. Assim mesmo batalhou e ela disse:
– Eu irei vencer de todo jeito.
E Raquel começava a girar, girar e ficou tão emocionada que até começou a dar passos complicados. Ganhou a coroa e ficou feliz."
(Renata: "A coroa de Raquel".)

Alguns alunos, entretanto, já arriscam sua imaginação na composição de fábulas. Melhor que descrever a composição dessas fábulas é transcrevê-las aqui:

(50) "Era uma vez uma borboleta que vivia passeando na floresta. Um dia a colorida estava na floresta e viu um enxame de abelha e correram encima da colorida e ela perguntou:
– O que vocês vão fazer para mim?
E depois todas as abelhas falaram:
– Nós pegamos você para nos salvar dos caçadores de caixas de abelhas.
– Está bem, venham comigo meus amigos vou levar bem longe daqui na onde tem um caixo de abelha que abandonaram.
Chegando lá despediram da borboleta e a colorida caminhou para sua casa na floresta."
(Marcelo: "A bondade da borboleta".)

(51) "Numa bela manhã primaveril, uma borboleta chamada Atiria resolveu dar uma voltinha, ela pediu para sua mãe:
– Mamãe, posso dar uma voltinha?
– Pode, mas não vai longe filhinha. Posso precisar de você.
– Está bem, mamãe.
Quando Atiria estava voando apareceu um caçador que chamava João e rapidamente pegou sua rede, mas Atiria era muito esperta, voou depressa para sua casa.
Sua mãe lhe perguntou:
– Filhinha, o que aconteceu?
– Um caçador queria me caçar, mamãe, mas agora está tudo bem mamãe.
– Que alívio, filhinha! Pensei que os caçadores tivessem pego você!

– Não, não mamãe. Eu voei bem depressa ele me perdeu, por isso eu cheguei em casa mamãe não precisa ficar assustada.
João foi embora porque não achou nenhuma borboleta.
Atiria e sua mãe ficou muito contente de ver sua filha como ela é."
(Érica: "O caso da borboleta Atiria".)

Essas redações deixam ainda à vista defeitos de coesão e conexidade e dificuldades de construção. São limitadas ao nível e escolaridade dos alunos. Há, no entanto, sempre um ou outro aluno que obtém resultados mesmo excepcionais. O progresso do Vanderlei (de quem já reproduzimos uma redação às pp. 113-4) é um desses casos. Completo as transcrições com sua fábula:

(52) "Era uma vez um canário que queria se casar. Mas ele não tinha uma namorada e então pensou:
– Se eu não for procurar uma amante eu nunca vou me casar.
Então ele saiu feliz, para procurar uma companheira. A pouca distância ele viu uma canária sozinha, e então pensou:
– Vou ver se tenho sorte.
Lá foi ele.
Chegando perto dela ele perguntou:
– Você não tem marido?
– Bem que eu queria ter, mas ninguém gosta de mim.
– Você quer namorar comigo?
– Claro que quero!
Após seis meses de namoro eles se casaram. E tiveram um filho chamado Juquinha. Eles gostavam muito do filho.
Juquinha cresceu e teve que estudar. Lá na escola tinha os colegas: José, Joãozinho, Robertinho e Zezinho.
Depois ele ficou grande e teve que trabalhar.
E o canarinho que queria se casar ficou muito contente de ter casado.
(Vanderlei: "Os dois canarinhos".)

Desse conjunto de apresentações mais ou menos sistemáticas dos resultados das crianças, podemos já concluir (penso que tranquilamente) que elas deram passos admiráveis de progresso no domínio das técnicas de produção do texto. Vou adotar outra perspectiva, enumerando e discutindo os aspectos em que as observações mais suportam essa avaliação descritiva. A melhor maneira de colocar em evidência os aspectos positivos dessa avaliação é colocá-la contra o fundo dos tópicos levantados (1 a 5) a respeito das primeiras redações das crianças (pp. 52-3).

1. As crianças assumem uma nova atitude em relação a seu texto. Colocam-se diante dele com muita naturalidade, conseguindo transformá-lo muitas vezes em formas de expressão pessoal. Os exemplos disso estão em toda parte, mas podemos destacar alguns. Recorda-se o episódio do Almiro, relatado às pp. 103-4, relativo a "A flor da vovó", exemplo 23, em que se expressam sentimentos reais muito menos para a escola e muito mais para as pessoas do bairro nele interessadas. Lembrando a pobreza de crianças como Evanil, o presente de "um gatinho" com uma "fita vermelha" e um "versinho" amarrados no pescoço não é somente uma solução abstrata em um texto, mas um gesto concreto de carinho (exemplo 25*b*).

Nas entrevistas com as mães das crianças (ver "Conclusões?"), vê-se bem como as redações perderam o caráter frio de exercício escolar para se transformar em uma atividade coparticipada pela família.

Essa atitude me parece um dos fatores básicos para a espontaneidade das crianças, que se manifesta sobretudo nos trechos em que descrevem suas experiências de vida infantil. A figura da mãe, que é quem participa sempre dos cuidados do pardalzinho (exemplos 27, 30, 37), quem segura o braço punitivo do pai (exemplo 47), quem primeiro suporta as irritações do pai e responde pelas meias faltando, pela gravata sumida (exemplo 46). As várias imagens do pai: o que perdoa e convive com o filho (exemplo 26*b*), o que castiga e dá palmadas (exemplo 46), que xinga e não escuta (exemplo 47), o que manifesta um comportamento incoerente e insuportável (exemplo 48). Os pequenos truques infantis para suas reinações (como nos exemplos 42 a 45). Os ajustes do namoro, refletindo sempre a iniciativa do macho e as reticências, os suspiros ou "respiradinhas" da eleita (exemplos 34, 38, 52); e assim por diante.

2. Essa espontaneidade se manifesta bastante nas situações de diálogo. As crianças conseguiram reproduzir falas de personagens com muita fidelidade e sabor. Penso que isso se deve, principalmente, a dois fatores. Um deles, o fato de que se dispunham a dramatizar com enorme interesse (ver p. 64) e desempenhavam seus papéis com muita naturalidade. No exercício espontâneo desses papéis, utilizavam uma linguagem coloquial animada e viva. Outro, o fato de que não se sentiam limitados pelas exigências de uma linguagem culta, que entretanto iam dominando cada vez melhor ao assumirem o papel de narrador. Vejam, por exemplo, como ficaria o diálogo construído pela Clarice (exemplo 26), com uma pequena e fácil correção:

(53) "– O que você vai fazer com isto menino?
– Eu vou cortar uma rosa para minha mãe.
– Eu empresto mas traga logo o tesourão que eu ocupo.
....
– Muito obrigado, você foi um amigão."

Há muitos exemplos dessa espontaneidade nas páginas anteriores. Destaco alguns e acrescento outros:

(54) "– Junior, Vamos pescar?
– A onde José?
– Lá no Saguí!
– Só se for escondido, é proibido pescar lá.
– Está bem."
(Elianes: "As piranhas", p. 194.)

(55) "– Mamãe, posso dar uma voltinha?
– Pode, mas não faí longe filhinha. Posso precisar de você.
– Está bem, mamãe.
....
– Filhinha, o que aconteceu?
– Um caçador queria me caçar, mamãe, mas agora está tudo bem, mamãe.
– Que alívio, filhinha! Pensei que os caçadores tivessem pego você!
– Não, não mamãe. Eu voei bem depressa ele me perdeu.

Por isso eu cheguei em casa não precisa ficar assustada."
(Érica: "O caso da borboleta Atíria", exemplo 51.)

(56) "– Se eu não for procurar uma amante eu nunca vou me casar
....
– Vou ver se tenho sorte.
....
– Você não tem marido?
– Bem que eu queria ter, mas ninguém gosta de mim
– Você quer namorar comigo?
– Claro que quero!"
(Vanderlei: "Os dois canarinhos", exemplo 52.)

(57) "– Rita, se a menina quer pescar, deixe-a.
....
– Socorro, socorro, mamãe, papai!
– Rita, eu escutei a voz da Silvana.
– Imagina, meu bem!
– Então eu me enganei."
(Jovelina: "A insistência de Silvana", p. 225.)

Esse cuidado em reproduzir espontaneamente as falas das personagens se mostra às vezes num esforço de representar variações dialetais ou ideoletos infantis:

(58) "– Você vai jogar esse belo gato?
– Vô sim.
– Então, porque não dá pra mim?
– Se você quisé eu do pa ti."
(Evanil: "O presente da mamãe", exemplo 25*b*.)

(59) "– Aonde que oceis mora?
– Nós moramos na cidade.
....
– Acho qui vô armuçá coceis. Tó cum fome.
E assim fez."
(Eliane: "O pique-nique", p. 211.)

(60) "– Papa, papa, olha um fiote de tataluga.
– Cadê o filhote de tartaruga, minha filha?"
(Maurício: "A tartaruga esperta", p. 199.)

As crianças, nesses e em muitos outros exemplos, fazem da linguagem diferenciada das personagens um recurso estilístico expressivo. Não somente mostram como tomaram consciência dos fatos da variação linguística, mas operam com ela quando julgam interessante ou necessário.

3. Mesmo tendo sido utilizada a técnica de coparticipação na organização do texto, as crianças sempre buscam soluções próprias e originais. Já tenho exemplificado bastante esse esforço, ao descrever a estrutura geral das redações, pelo que não me parece necessário insistir nisto aqui. Gostaria porém de chamar a atenção para alguns casos especiais: diferentes soluções encontradas na redação da Clarice (exemplo 26*b*), a sensibilidade na redação do Vanderlei (exemplo 37), o espírito alegre da Nilza em "A pescaria em Maracanã" (p. 229) e em "Orgulho de Pimpim" (exemplo 38), a originalidade das fabulinhas dos exemplos 50, 51, 52 do Marcelo, da Érica e do Vanderlei, respectivamente.

Todos os alunos, porém, tiveram em um ou outro texto seus bons achados. E colocavam muito empenho em trabalhar sozinhos seus textos finais. (Posso dar o meu testemunho pessoal: jamais notei nos alunos, quando se debruçavam sobre as carteiras para essa redação final, o comportamento habitual de tentar copiar dos outros. Sentiam no trabalho uma grande satisfação pessoal, sendo essas as horas de silêncio absoluto na classe costumeiramente buliçosa e faladora. Se eu os apressava ou tentava reduzir o tempo para a redação, ou quando alguns se sentiam menos dispostos ou estimulados, me "ameaçavam": "Então eu vou dar uma de chopim", que era o comportamento rejeitado pelo grupo.)

4. As redações apresentam também originalidade, ou pelo menos grande diversidade, na forma de organização do texto. Estamos bem distantes das fórmulas de apresentação-episódios--desfecho ou começo-meio-fim das primeiras redações. Os esquemas gerais elaborados pelas crianças para as redações do "pardalzinho" (p. 109) e dos "peixinhos" (p. 111) são mais complexos e decorrem já de exigências do próprio tema. E existem várias "experiências" de construção, como no caso do exemplo 26*b*, várias vezes referido, do exemplo 48, do exemplo 51, etc.

Um ou outro aluno já começa a experimentar outros procedimentos de ordenação do texto, quebrando a ordem temporal dos acontecimentos e fazendo antecipações:

>(61) "– Venha em casa para nós irmos pescar. Eu sei aonde tem bastante peixe, tem cará, tuvira, pacú, traira e pintado etc. Foi assim que nós resolvemos ir pescar.
>– Vamos rancar minhoca? disse para minha prima.
>– Vamos!"
>(André: "A pescaria", p. 192.)

Outros evitam apresentar desde logo a personagem pelo seu nome (no estilo "era uma vez um... chamado..."), trazendo o nome mais adiante no texto, em relação anafórica com uma personagem que já participou de vários acontecimentos. Encontram-se exemplos em "A gravata", da Nilza (pp. 227-8); em "A coragem de Zazá", da Simone (exemplo 32); "O passeio a cavalo", do Vanderlei (p. 201).

Do mesmo modo experimentam-se novos "finais", como nas redações do "pardalzinho" (exemplos 27, 31, 37), ou nas redações dos "peixinhos" (exemplos 32, 38) ou na "pescaria" da Eliane:

>(62) "– Hoje estou com sorte Henrique!
>– É bom que nós pegamos muito que assim eu como bastante.
>– Sim é mesmo! Você tem razão, é um comilão de peixe."
>(Eliane: "Henrique, o comilão de peixe", p. 216.)

5. Correspondentemente, são as relações entre os diferentes acontecimentos, ou as exigências de desenvolvimento do tema, que asseguram a coesão do texto. Um exemplo para expressar melhor isto: na redação "A vergonha de Luciano", da Sílvia, a ideia central é a de contrapor, em uma disputa entre irmãos, o gosto de superioridade dos mais velhos ao sucesso do mais novo. A menina acentua inicialmente a primeira parte dessa relação; opõe em seguida um fato que contraria a expectativa criada; explora afinal as consequências desse fato, pondo em relevo o comportamento das personagens (surpresa, desapontamento, sentimento de desforra):

(63) "Numa manhã de domingo Guilherme e seus irmãos foram pescar. Os irmãos de Guilherme achavam que ele não ia pescar nada. Seu irmão Marcos falou:
– Guilherme, saia da beira do rio, você sabe muito bem que você só tem 5 anos!
Assim que Marcos falou, Guilherme pegou um peixe.
Seu irmão Henrique quis dizer mas não conseguiu porque ele que tinha 11 anos ainda não tinha conseguido nada. Seu irmão Luciano ficou envergonhado e não quis mais pescar.
Guilherme falou:
– Luciano, porque você não quer pescar?
– Eu não quero pescar porque eu estou cansado.
– Aaaaaaa! Não minta seu bobo eu sei que você não quer vim pescar porque você não pega peixe!"
....
(Sílvia: "A vergonha de Luciano", p. 236.)

Explorando melhor as relações de causa-consequência, antecedência-contemporaneidade-posterioridade, comparações e correlações, etc., as crianças amarram melhor as unidades de coesão baseada quase exclusivamente em uma mera justaposição de orações, em sequências infindáveis de aditivas, ou em repetitivos pronomes anafóricos.

Posso apontar um bom índice do progresso dos alunos nesse aspecto da estruturação interna dos períodos, fazendo uma análise comparativa entre as primeiras redações e os últimos textos das crianças.

Separei um conjunto de 48 redações selecionadas (três por aluno), sendo 12 (de 32 possíveis) dentre as redações da última série de atividades (técnica do borrão e reprodução ampliada); 16 (de 48 possíveis) dentre as redações da terceira etapa de atividades (feitas com parágrafo inicial dado); 20 (de 96 possíveis) dentre as redações da primeira e segunda etapas, feitas a partir de séries de quadrinhos (todos estes trabalhos estão documentados no livro). Submeti-as a uma análise mais minuciosa, acompanhando os procedimentos e decisões que adotei em relação às primeiras redações.

A maneira mais fácil de mostrar os índices obtidos é examinar no quadro da página seguinte os resultados resumidos. Eles representam:

a) uma síntese dos resultados da análise das primeiras redações;

b) uma síntese dos resultados obtidos das redações selecionadas conforme indicação acima;

c) uma síntese dos resultados obtidos na avaliação das redações sobre "A pescaria", feita dois meses após as atividades descritas neste trabalho, para verificar a fixação dos objetivos.

Considerando que no item *b* estudaram-se três redações por aluno, uniformizei os resultados para efeito de comparação, dividindo-os por três. Os resultados se examinam assim para um número básico igual de dezesseis redações.

Essa análise das redações mostra um aumento significativo da fluência linguística (no sentido estrito em que usei o termo antes), a média dos períodos por redação passa de 4,4 a 13,08 (número ligeiramente aumentado na redação "A pescaria", realizada dois meses após o término das atividades consideradas para efeito de tese: 15,18 períodos por redação); do mesmo modo, a média de orações por estorinha passa de 13,75 a 26,12 (nas redações "A pescaria", 27,87). Ao contrário disso, as crianças reduzem bastante o número de orações justapostas, de 32,69% nas primeiras redações para 14,69% (17,37% em "A pescaria"), bem como reduzem o uso da coordenação em geral (de 72,42 a 53,19% e finalmente 51,09%) com aumento correspondente e progressivo nas subordinações.

Que sentido estou atribuindo a esses dados? Recordo que na análise das primeiras redações (vejam-se exemplos 1, 2 e sobretudo 9 do capítulo 1, entre outros) verifiquei que as crianças compunham seu texto mediante "blocos de orações", quase sempre meramente colocadas lado a lado, ou sucessivamente coordenadas por sequências de "e", mostrando um baixo nível de fluência e flexibilidade linguísticas. Esses mecanismos uniformes e monótonos se substituem agora por uma divisão muito mais ampla do texto em períodos; esses períodos se conectam entre si pelos próprios enlaces discursivos que permitem a con-

Redações	Primeiras		Selecionadas para a Avaliação				Verificação de fixação dos objetivos			
	n.º	%[1]		n.º	%	%		n.º	%	%
Períodos	64			209				243	–	–
Orações	220			418				446		
Coordenações – Justapostas	51	32,69		30,66	14,69			36	17,73	
Coordenações – Aditivas	57	36,53	72,42	72,33	34,66	53,19		65	32,01	51,09
Coordenações – Adversativas	5	3,20		8	3,83			5	2,46	
Subordinações – Temporais	8	5,12		11	5,27			9	4,43	
Subordinações – Causais	6	3,84		8	3,83			8	3,94	
Subordinações – Completivas	12	7,69	26,26	11,33	5,43	46,80		16	7,88	48,25
Subordinações – Relativas	4	2,56		10,33	4,95			7	3,44	
Subordinações – Reduzidas[2]	11	7,05		46,66	22,36			44	21,67	
Subordinações – Outras[3]	0	0		10,33	4,95			14	6,89	

(1) Porcentagem calculada sobre o número de conexões possíveis.
(2) Reduzidas de infinitivo e de gerúndio (independentemente do tipo de relação estabelecida).
(3) Incluem-se nessa rubrica: comparativas ou conformativas, consecutivas, condicionais, parentéticas.

tinuidade do texto; nesses períodos, por sua vez, as orações se conectam mediante recursos diversificados de coordenação e subordinação.

Não se verifica somente um aumento das relações de subordinação, mas uma variedade maior de tipos de subordinada. Aparecem agora, além de temporais, causais e completivas, um número maior de relativas, reduzidas, comparativas, consecutivas, condicionais, etc. Assim, a composição melhor do texto, a maior flexibilidade (em sentido amplo) na escolha dos esquemas de estruturação geral do texto, vem acompanhada também de uma maior flexibilidade linguística. Isso ocorreu independentemente de exercícios gramaticais especiais.

Esses dados têm que ser tomados com as cautelas já indicadas nas pp. 21-3. De fato, o número das orações deve sempre vir acompanhado de um estudo de sua complexidade interna. Sem adotar aqui um sistema especial de "cálculo" dessa complexidade sintática (dado o quanto discutíveis são as propostas correntes), me limito a comparar as redações atuais com as primeiras, com base nas decisões simples que apontei à p. 22. Basta dizer que nas redações selecionadas para análise as orações de complexidade mínima (formadas por no máximo três palavrinhas) correspondem a menos de 55% das orações utilizadas pelos alunos. Recorde-se que nas primeiras redações chegavam a mais de 90%. O normal, agora, é os alunos construírem expressões bem mais complexas (do tipo que se contavam no dedo nas primeiras redações: ver p. 22). Comparem-se estes fragmentos de redação:

(64) a) "...um coelho ladrão viu cenouras / e foi roubar / aí o cão viu / e latiu muito / aí o dono solto / correu / correu / ..."
(Almiro: primeira redação.)
b) "Numa bela tarde de sol seu Rodrigo resolveu telefonar dizendo..."

(65) a) "...comesou a puxa / e ele viu / e puxou / e o ansol enroscou..."
(André: primeira redação.)
b) "Depois da refeição foram ver os cavalos, burros, vacas e galinhas. / Depois começou a anoitecer / e eles foram em-

bora. Paulinho ficou com dor de barriga porque comeu um peixe com os olhos."
(André: "Numa linda manhã primaveril", p. 191.)

(66) a) "Ela se aproximouse / e cheirou a fror / Ela desmaiou / quando acordou / ela avoou/ ..."
(Elianes: primeira redação.)
b) "Ele ficou na vitrine de uma loja de sapatos esperando a loja abrir. / Ele estava fumando seu picadão, com o chapeu de palha e uma calça pula brejo."
(Elianes: "O casamento de Zeca com Mariana", p. 193.)

(67) a) "O preto foutou para casa / eu fui muta nele / e galopou / e saiu num raio."
(Marcelo: primeira redação.)
b) "A Carla, no domingo levou uma picada de escorpião / e teve que ir ao farmacêutico para tomar uma injeção."
(Marcelo: "O acontecimento", p. 195.)

(68) a) "Mas quando dona Teresa acabou de falar / a carrocinha estava pegando Totó / e virou uma mordida."
(Maurício: primeira redação.)
b) "Num sábado chuvoso a noite na casa de Luciana, entrou bem de macinho um filhote de tartaruga. / Então a irmã mais nova disse: ..."
(Maurício: "A tartaruga esperta", p. 199.)

(69) a) "Ele tem sua casinha / e ele come aros, carne / e bebe leite. Rex é meu companheiro."
(Vanderlei: primeira redação.)
b) "Chegando lá, Paulinho e sua família foram até a casa de seu tio, / e ficaram lá uma hora. / Depois do piquenique eles retornaram a casa do tio de Paulinho."
(Vanderlei: "O passeio a cavalo", p. 201.)

(70) a) "Um dia Lulu foi andar pela rua / e viu uma casa / ali tinha uma velinha e um gatinho / ela estava fritando bolinho / e o cão foi alá / e pegou os bolinho..."
(Clarice: primeira redação.)
b) "O menino saltando virou cambalhota para cima com sua bicicleta. / Henrique ficou infeliz com sua blusa rasgada, seu shorts joelho raspado / e o pior, perdeu a bicicleta!"
(Clarice: "O presente de Henrique", p. 206.)

(71) a) "Era uma vez / eu tinha um pintinho / ele era muito bonito / ele era agostumado comigo / onde eu ia / ele ia atraz / ele era meu."
(Eliane: primeira redação.)

b) "Um dia, depois que o pai de Carlinhos saiu para trabalhar, / o menino sapeca entrou no quarto de seu pai / e viu uma gravata nas costas de uma cadeira."
(Eliane: "A gravata", p. 212.)

(72) a) "Um dia ele achou uma minhoquinha / e a pata falou / me dá esta minhoca / e ele com medo que a mãe dele batia nele / e um dia ele vicou muito bonhente / e ele moreu."
(Rosemary: primeira redação.)

b) "E o tio das crianças colocou-as no seu belo carro / e foi no zoológico. / Chegando lá as crianças queriam ver o urso, cobras, macacos, etc."
(Rosemary: "A gentileza do tio", p. 233.)

E assim por diante.

6. Uma rápida leitura dos exemplos acima permite ver que os alunos também avançaram no domínio do dialeto-padrão culto. Nessa área de avaliação é que se notam às vezes súbitas oscilações das crianças: a capacidade de automatizar o uso de construções de uma língua ou forma dialetal recém-adquirida depende certamente de uma prática mais longa do que a que puderam ter.

Fiz uma análise especial dessas últimas redações para avaliar o progresso dos alunos no uso do dialeto culto. Tomei como índices privilegiados dois aspectos já observados nas primeiras redações: o uso de formas pronominais átonas e a concordância.

Lembremo-nos de que nessas redações, em todos os casos de sujeito distante ou posposto, no plural, não houve concordância; em cinco dos oito ambientes de concordância nominal (com adjetivo predicativo ou adjunto adnominal) não houve concordância (ver p. 24, cap. 1). Nas últimas redações, houve 64 ambientes de concordância com sujeito formado por nome plural, dos quais 17 sujeitos pospostos ou distantes. Houve somente um caso de não concordância:

(73) "Seu Miguel, pai de Niltom, *colocou* a minhoca no anzol. Niltom e Sérgio também *colocou*."
(Érica: "A pescaria", p. 218.)

Nessas mesmas redações ("A pescaria") encontram-se 48 ambientes de concordância nominal. Pelas primeiras redações era de se esperar mais de 62% de casos de não concordância, isto é, aproximadamente 29 casos. Entretanto, encontrei em todas elas somente quatro exemplos (Maurício, Vanderlei (2) e Érica, pp. 200, 205 e 218).

No que se refere às formas átonas do pronome oblíquo, recordo que apareceram 22 ambientes adequados a seu emprego nas primeiras redações. Como observamos (ver p. 24, cap. 1), em nenhum caso essa forma apareceu, preferindo as crianças fazer elipse. Já nestas últimas redações, dos quinze ambientes, oito foram preenchidos com as formas átonas apropriadas. Esse uso, aliás, foi frequente em redações anteriores:

(74) "Então ele pegou-*o* para criá-*lo*. Sua mãe *lhe* disse:
– Você acha que vai curá-*lo*, Carlinhos?
....
... ele segurou-*o* até que ele ficasse peludo, sadio e gordo. Carlinhos então soltou-o e falou:
....
"
(Vanderlei: "A liberdade do pardalzinho", pp. 113-4.)

(75) "... Juracy estava passeando na rua quando um cão mordeu-*a*
....
Cidinha mãe dela logo se aprontou para leva-*la* à fármacia."
(Clarice: "A ideia desastrosa", p. 207.)

(76) "... viram aquela linda e desconhecida borboleta e Paulo disse a Ana:
– Ana vamos caçá-*la*?"
(Eliane: "A borboleta desconhecida", p. 215.)

(77) "... teve um filhinho deu-*lhe* o nome de Fric e o outro de Frac. Depois que *veio os dois peixinhos* Zazá e Pimpim faziam de tudo para agradá-*los*."
(Jovelina: "A tristeza de Zazá", p. 221.)

Além dos aspectos indicados acima, pode-se constatar que praticamente desapareceu dos textos o reflexo dialetal (tão visível nas primeiras redações) das formas como catá (por catar), matá (por matar), voutô (por voltou), pegô (por pegou), frô (por flor) e semelhantes. Estas foram, aliás, as formas preferidas pelas crianças, quando voluntariamente representaram em turnos de diálogos o dialeto coloquial caipira de sua região.

Penso ser importante concluir chamando a atenção para dois comentários que fiz anteriormente. Considerando-se o ponto de partida dessas crianças e o pequeno período de atividades, deve-se desejar uma prática contínua e constante bem mais longa para a criação dos automatismos necessários ao uso das formas cultas; é de esperar uma certa insegurança no uso dessas formas, o que permite conviverem expressões de um e outro dialeto com o efeito bizarro do trecho transcrito anteriormente (77). A outra observação é mais uma hipótese de trabalho: pela minha experiência, os resultados que descrevi acima apontam fortemente para uma conclusão um pouco surpreendente: é respeitando o dialeto das crianças, despertando nelas a consciência das variações dialetais, que mais facilmente as levamos a dominar o dialeto-padrão culto.

Capítulo 4   **Conclusões?**

Tive que fixar limites um pouco estreitos de tempo e extensão para este meu trabalho. Assim, vou chegando a estas "conclusões" com uma certa parcialidade inevitável, quando estou (estávamos, os meus alunos e eu) apenas no início. De fato, o processo pedagógico supõe continuidade e constância, seja ele daqui em diante coordenado por mim ou por outrem. E, por isso, este capítulo final não é final, a não ser porque encerra o livro: deve ser entendido como uma nova pausa de reavaliação, iluminando alguns aspectos do processo para opções e decisões subsequentes.

Essa perspectiva se situa bem no quadro da pesquisa participante e está de acordo com o tipo de avaliação (iluminativa) que adotei, principalmente quando o meu trabalho é olhado pelo seu lado de uma prática real. Olhado, porém, pelo prisma da reflexão teórica e metodológica que acompanhou essa prática, coloca-se a expectativa de algumas consequências, mesmo que venham a assumir a provisoriedade de "hipóteses de trabalho" mais bem determinadas e justificadas.

Em resumo, devo responder a algumas questões:

– A que mudanças de comportamento (social e verbal) o processo, até o ponto descrito, levou meus alunos? Que problemas ainda persistem para orientar ou reorientar nossa prática com eles?

– Com que aspectos do processo, com que procedimentos essas mudanças estão mais diretamente relacionadas? Qual o valor explicativo dessas relações? Ou, mais prudentemente, em que podem contribuir no estudo relativo ao tema central deste trabalho?
– Que observações podem ser interessantes para o debate sobre pesquisa em educação?

Embora não responda uma a uma as questões acima, vou tê-las em mente nestas conclusões. Não pretendo oferecer resoluções definitivas aos problemas que levantam porque estou muito consciente das limitações pessoais e das limitações dos instrumentos utilizados. De um modo geral, pelo esquema de construção deste trabalho, todas essas questões já foram objeto de várias considerações; recomenda-se, pois, uma certa brevidade, um trabalho de síntese com destaques.

1. Os alunos, no início do semestre, tinham sido agrupados pelos aspectos que a escola considerava negativos em seu comportamento. Por isso não tinham por que nem para que estar juntos, participando de um processo de formação: eram rejeitados por não terem respondido às exigências da escola; tinham sido convencidos de que eram "burros", incapazes de atender a essas exigências por causa de falhas pessoais, e não por causa de deficiências da escola. Embora rejeitassem a escola (que os excluía e diferenciava negativamente), era mais simples para eles convencer-se a si mesmos disso ("eu sou burro mesmo!") como justificação de seu comportamento.

A essa discriminação da escola, com a consequente autodesvalorização, respondiam com um comportamento "indisciplinado" e agressivo. Agrediam-me na medida em que representava, em princípio, a escola com suas tarefas, repreensões, notas baixas, cartinhas aos pais, etc.; agrediam-se mutuamente porque cada um se representava no outro ("você é tão burro como eu!"). Seu comportamento, mais que de desinteresse, era de rejeição: rejeição da escola e das atividades da escola, rejeição do grupo que lhe era imposto.

Vivendo e concebendo a escola, e seu papel nela, de modo negativo (e com razão), não devia surpreender a ninguém que não desejassem dialogar, reduzindo suas manifestações a agressões verbais (gritos inúteis e imotivados, aparentemente, gozações, xingos, provocações variadas e impertinentes) ou a gestos de rebeldia.

Acrescente-se aos aspectos inibidores e repressivos da escola um mais diretamente ligado à linguagem: a imposição da norma culta. Por "imposição" não quero entender aqui o fato de que se incluísse entre os objetivos instrucionais o domínio dessa norma em situações formais, particularmente de linguagem escrita. Refiro-me a que (*a*) estigmatizava-se a linguagem da criança, atribuindo à linguagem-padrão um valor corretivo e substitutivo; (*b*) as crianças não eram avaliadas pelos passos progressivos que eventualmente pudessem fazer no domínio dessa norma, em resposta a atividades graduadas, segundo objetivos escolares: eram avaliadas, em bloco, *pela sua* linguagem, *pelos mais variados reflexos dela* em sua escrita; estavam definitivamente entre os que falavam mal e escreviam errado.

As primeiras redações das crianças correspondiam ponto por ponto a essa situação. A aceitação de estereótipos, tanto na estrutura da narrativa como na forma de construção linguística do texto, correspondia à busca aproximativa de "modelos" do adulto, à necessidade de responder (a seu modo) às condições de um trabalho cuja única finalidade e realidade devia encontrar-se no espaço formal, institucional, regrado; nada podiam ter com qualquer atividade ou fala espontânea, pois tinham que ser encarados como tarefas para as quais deveria existir uma fórmula determinada. Por outro lado, não havendo nada exterior ao texto que lhe desse sentido, bastaria dar a ele uma aparência de texto, grudando uma frase a outra, justapondo-as até obter uma certa extensão. Nessa situação artificial, perdia-se toda fluência natural e flexibilidade da linguagem, de onde as frases elípticas, sincopadas, truncadas. A imposição da norma-padrão não lhes permitia, além disso, nenhuma experiência em relação aos diferentes usos da linguagem, nem nenhuma avaliação das diferentes situações comunicativas; por isso, as expressões mais formais de fórmulas mal adquiridas vinham intercaladas a expressões com fortes reflexos dialetais. Enfim, nada esperando de si mesmos, não havia por que criar, por que inventar algo de sua "própria cabeça"; tentavam reproduzir estorinhas como quem busca na memória uma lição já passada.

2. Neste ponto, devo extrair uma lição para mim mesma. Foi de importância decisiva para meu trabalho ter evitado, mesmo como base para atividades relativas ao desenvolvimento da linguagem escrita, um diagnóstico inicial estritamente (ou estreitamente) linguístico. Em outros termos, foi muito importante para mim não limitar a observação prévia, para o planejamento específico de atividades de linguagem, a uma pesquisa puramente estrutural, seja identificando deficiências de linguagem, seja descrevendo, contrastivamente, diferenças linguísticas.

Sem querer entrar em um debate para o qual não tenho competência, não quis assumir uma interpretação restritiva (e certamente equivocada) dos trabalhos de Bernstein; para essa interpretação, o insucesso daquelas crianças estaria ligado, deterministicamente, à pobreza inerente da linguagem das classes menos favorecidas, sem oportunidade de um exercício rico e variado da linguagem. Aquelas expressões truncadas, sem imaginação, sem coesão, sem continuidade seriam consequência de uma linguagem utilizada em situações limitadas de satisfação de necessidades cotidianas. Uma interpretação assim poderia ser dominada pelo preconceito de que deficiências da linguagem teriam ocasionado deficiências cognoscitivas, levando a projetos curriculares fortemente inclinados para programas especiais de correção dessas disfunções.

Também foi muito importante não tomar como ponto de partida a exigência de um conhecimento detalhado das diferenças estruturais entre o dialeto das crianças e o dialeto-padrão. Isso teria me paralisado à espera de descrições acabadas do especialista em sociolinguística. E provavelmente sem poder tirar delas grande auxílio, dada a heterogeneidade da linguagem do grupo de crianças, formado por razões nada compatíveis com um estudo desse tipo. Não que não tenham importância esses tipos de pesquisa científica. Dela procurei extrair cuidados e princípios gerais; mas era preciso situar os trabalhos escritos dos alunos em um contexto mais amplamente (embora mais vagamente) apreendido: tentar identificar com os instrumentos à mão todos os fatores contextuais (quantos fossem possíveis à minha sensibilidade) que inibiam e deformavam aqueles trabalhos.

Assim, não pude limitar o problema a uma análise bem enquadrada de suas redações (ou outras manifestações verbais) em circunstâncias de tarefa escolar, mas estudar essas manifestações *naquele* contexto real de uso, *naquela* situação real. Talvez melhor: situar o problema exatamente onde estava: *na ausência total*, dentro do arremedo da escola, *de situações reais e estimulantes de uso da linguagem*. A realidade da escola (e infelizmente ela era real), a imagem que de si mesmos faziam os alunos, a imagem que formavam dos outros, as condições de possibilidade de sua participação e os modos dessa participação, tudo isso contribuía para destruir o ambiente de interação, único em que são possíveis o processo comunicativo e instantes ricos de expressão pessoal.

Em resumo, foi muito importante não ter fixado os objetivos de meu trabalho com base em um catálogo de deficiências linguísticas a corrigir, ou de diferenças a considerar comparativamente, mas ter partido de um esforço de compreensão do processo em que deficiências e diferenças se transformavam em entraves à formação daquelas crianças, marginalizando-as.

Esse compromisso com todos os aspectos da situação para os quais pude ser sensível em minhas limitações mostrou-me que, para levar os alunos a escrever "bem", eu deveria começar por alterar as condições da sala de aula, transformando-a num espaço adequado para o exercício real da linguagem. Isso significava alterar a imagem que faziam de si próprios, mostrando-lhes que não eram "tão burros assim"; alterar a imagem que faziam dos outros, eu incluída; libertá-los de todas as formas de repressão que inibiam sua criatividade; transformar as relações sociais entre eles de modo a fazer deles, e de mim, parceiros, coparticipantes de uma atividade comum orientada por todos. Em outros termos, oferecer-lhes a oportunidade de uma experiência humana e social que lhes permitisse uma outra concepção de "aluno", de "professora", de "escola", não ensinada em um discurso ideológico vazio, mas vivida.

3. Em relação às estratégias adotadas para a consecução desses objetivos, penso que é interessante distinguir dois aspectos. Uma parte dos procedimentos, exercícios, atividades se destinava a instrumentar os alunos para o desempenho em língua escrita; tratava-se de exercitá-los nas convenções dessa forma de representação, no que dizia respeito à pontuação, ao uso do espaço gráfico, às regras de grafia; cuidava-se de colocá-los em contato com diferentes formas de estruturação do texto; devia expor-se o aluno a textos redigidos em estilo formal e em dialeto-padrão. No caso desses objetivos, chamo a atenção para o fato de que as atividades propostas, em sua maior parte, não foram diferentes das que estão disponíveis a qualquer professor da rede escolar: segui basicamente um roteiro preparado pelas equipes de coordenação pedagógica da CENP e os guias curriculares.

Essas mesmas técnicas, entretanto, tinham sido utilizadas com aqueles meus alunos e, em sua maioria, eles não tinham respondido positivamente a elas: tinham sido reprovados uma, duas e até três vezes. Por isso mesmo, meu trabalho aponta para a hipótese forte de que o problema daqueles alunos (e de quantos outros!) certamente não se resolve simplesmente com a busca de novas técnicas ou metodologias, mas com uma profunda modificação nas atitudes. Isto me leva ao segundo aspecto sobre o qual devo pôr ênfase.

Aqueles objetivos maiores e básicos a que me referi no fim do item anterior (alteração das condições interacionais da situação) não dependem de atividades específicas, como se fossem unidades estanques. Eles estabelecem condições de seleção e orientam a organização *de toda e qualquer atividade* em sala de aula. Isto é, durante todo o processo o professor deve manter uma grande coerência e consistência de valores e atitude, de modo a criar e manter sempre as condições adequadas de interação. No caso particular dos meus alunos, isso dependia de uma modificação completa das "imagens" dos participantes do processo, deles próprios, e de uma modificação completa da sua percepção do espaço escolar.

Essa coerência, procurei mantê-la tanto quanto possível (advertindo, porém, para o fato de que eu devia "educar-me" no curso do processo, com os riscos naturais de acertos e enganos, ou de reflexos de princípios e atitudes que eu mesma punha em xeque). Penso que mostrar os cuidados para manter sempre em vista aqueles objetivos básicos me obrigaria a reescrever a dissertação, pelo que neste momento deixo somente breves indicações:

a) Um dos fatores mais importantes para a mudança das condições interacionais foi evitar, a todo custo, a estigmatização da linguagem das crianças. O respeito pelo modo de falar (e pelos reflexos desse modo de falar na escrita) não se manifestou somente mediante discursos ou exposições ideológicas vazias; manifestou-se em todos os passos do processo, em uma contínua e progressiva aproximação, por atos concretos. Num primeiro passo, despertava nos alunos a consciência das variações linguísticas; na verdade, percebi logo que se tratava menos de "despertar uma consciência" que amargamente já possuíam (ligada ao seu próprio sentimento de rejeição) do que colocar explicitamente o problema das variações, fazer os alunos discuti-lo, modificar os valores preconceituosos que se atribuíam a eles. Num segundo passo, levá-los a comparar o seu próprio dialeto com o dialeto culto da língua escrita, nessa atitude renovada que excluía tomar este como "superior", "correto", "melhor" ou de "bom gosto". Disso extraíram logo as consequências desejadas: as variações de um dialeto formal e culto em relação a seu dialeto regional ou coloquial não possuem um valor "inerente", mas um valor funcional; o uso de um ou de outro é mais uma questão de estilo, de diferença de propósitos na comunicação, de percepção das diferentes situações sociais de uso; finalmente, os alunos puderam utilizar "estilisticamente" os fatos de variação.

Essa atitude ante a variação linguística teve vários papéis importantes na consecução de meus objetivos. Por outro lado, retirou-se uma das marcas mais sensíveis que levavam as crianças a desconfiar de si próprias; na medida em que não viam mais sua linguagem condenada com tinta vermelha e castigada com pontos a menos na avaliação, sentiam-se novamente como indivíduos capazes de "falar" ("nóis não precisa ter vergonha dessa língua que nóis fala!"). Por outro lado, tinham "autorização" para falar e escrever sem necessidade de se policiar o tempo todo; isso ampliou grandemente as oportunidades de comunicação e expressão pessoal, levando as crianças a um rico intercâmbio de ideias entre si e comigo: eram as bases para uma modificação nas relações sociais do grupo. Surpreendentemente, ainda, desenvolveu-se nelas um interesse enorme pela norma-padrão, por falar e escrever de outro jeito ("mas essa língua da escola também é uma boa, falar os dois jeitos!"). Descobriu-se, enfim, o papel altamente motivador de uma experiência diversificada no uso estilístico da linguagem; abriam-se às crianças opções, em vez de reprimi-las com imposições unilaterais.

b) Em todas as atividades preparatórias e finais de produção de texto, procurei evitar o trabalho isolado, estimulado pelo preconceito de "criação individual".

Assim, a atividade escrita das crianças se desenvolvia sempre a partir de discussões, de sugestões, de processos de escolha. Para esse efeito, serviram muito as dramatizações com a formação de grupos afins de "representação" e ensaio; as atividades de preparo coletivo das reproduções; as técnicas de redação coletiva em que os "achados" individuais sempre eram submetidos à apreciação (e mesmo à apropriação) dos outros.

Também neste caso a função dessas atividades era múltipla e levava ao mesmo tempo a vários de meus objetivos básicos. Uma das funções era levar os alunos a conviver e a encontrar os propósitos e fins dessa convivência, estabelecendo entre si relações sociais mais maduras. Na experiência do aplauso e da aprovação dos outros, descobriam pouco a pouco o seu próprio valor como resultante de suas contribuições ao grupo. Continuava-se o esforço para conseguir deles uma autovalorização pessoal e a mudança correspondente de sua participação social.

c) Um papel fundamental desempenhou também a avaliação do rendimento, utilizada com os mesmos objetivos. Nesse sentido, mudei profundamente sua função no processo. Estava mais interessada em descobrir o que acertavam, que progressos faziam, que mudanças positivas apresentavam. E, assim, todos eles puderam sempre merecer uma menção elogiosa; passaram a ter o gosto de ouvir e ler "muito bem", "ótimo", "como você melhorou". Isto sem nenhum favor, porque a avaliação já não era global nem baseada em padrões fixos de qualidade, mas incidia sobre cada um dos pequenos projetos e cada um de seus pequenos avanços no processo.

Lembro-me de como produziram excelentes efeitos pequenos artifícios e cuidados. Por exemplo, o fato de selecionar dentre os textos e reproduzir alguns com a estrutura de narrativa que já haviam assumido como estereótipo, ao lado de outros mais inovadores, para uma implícita comparação; o fato de ter introduzido entre esses textos redações de alunos de 3.ª série, sobretudo o texto de uma aluna que conheciam no bairro; e o fato de ter transformado as redações em um momento de manifestação pessoal vinculado a suas próprias vidinhas e às circunstâncias de seu bairro, com seus lugares, com suas personagens típicas, com sua vizinhança e seus problemas.

Não penso que exista qualquer coisa de excepcional, de muito original ou novo nas estratégias que foram adotadas para alcançar os objetivos educacionais e de mudança de atitude que eu me propunha. De fato, na medida em que as revejo e sobre elas reflito, reencontro princípios já claramente enunciados pelos que se têm dedicado à teoria da educação, à teoria do currículo ou à teoria da linguagem (em seus vários domínios). O aspecto diferente sobre o qual quero chamar a atenção, como contribuição à discussão metodológica, é o esforço para tirar desses princípios conhecidos todas as suas consequências; para encontrar a mediação entre esses princípios e a prática efetiva; para utilizá-los no entendimento do quadro holístico, global, do processo pedagógico, evitando a incoerência da "fragmentação" da realidade para propósitos de análise e descrição.

4. Vale a pena, mesmo com o risco de tornar-me um pouco repetitiva, resumir aqui as mudanças de comportamento que observei em meus alunos.

a) Modificaram profundamente sua atitude em relação ao trabalho escolar, assumindo-o como uma atividade de um grupo (eu excluída) que possuía alguns objetivos comuns.

b) Sentiram-se valorizados pelos resultados positivos que obtinham na consecução de objetivos bem delimitados e escalares: modificaram a imagem que faziam de si próprios na medida em que a refaziam na imagem que eu fazia deles ("eu não sou tão burro assim!").

c) Conseguiram compreender muito bem (e muito além do que eu supunha possível) a natureza da linguagem e o caráter social das variações dialetais; naturalmente, valorizavam sua própria linguagem, seu modo de dizer, sua comunidade linguística.

d) O comportamento agressivo, substituíram-no em muitas oportunidades por um comportamento solidário. A competição pessoal assumiu um caráter bastante positivo: o de uma cobrança recíproca de responsabilidades no trabalho coparticipado. Continuavam ruidosos, irrequietos, até impertinentes para as expectativas de adulto que eu ainda mantinha, mas eram os agentes decisivos de sua própria "disciplina", no sentido que dei a esse termo: eram os responsáveis pelas condições satisfatórias da realização de suas atividades comuns.

e) Não se faça dessa descrição a visão de um paraíso. O comportamento das crianças nunca se tornou uniforme. Em muitas ocasiões tive que explodir, ralhar. Mas já o podia fazer com os mesmos direitos deles, como membro ativo do mesmo grupo e com base nas mesmas opções comuns. Houve dias desastrosos em que saí da aula desesperançada, com um sentimento de frustração e um cansaço tão grande que somente uma vez me lembro ter sentido em todos os 25 anos de magistério. Mas o importante de minha avaliação não é que eu tivesse conseguido fazê-los "anjos" refinados. O importante é que em muitas ocasiões, e de um modo consistente e consciente, essas crianças mostraram ser capazes desse comportamento solidário, de agir segundo pressupostos e opções comuns, de atuar uns sobre os outros de maneira positiva, de decidir segundo suas próprias razões de modo adequado à situação, de compor entre si e comigo os seus esforços.

f) O meu papel, nesse novo contexto, também transformou-se. Era uma função de coordenação dessas atividades coletivas, cujo sucesso residia muito mais em uma relação afetiva que se estabelecera entre nós do que no exercício de autoridade. A gente se estimava mutuamente; eu me comprometia pessoalmente com eles, eles se comprometiam comigo, porque gostávamos de estar juntos e trabalhar juntos.

g) Essas mudanças dos aspectos interacionais das crianças em grupo tiveram seus reflexos na produção individual. Limitei-me na dissertação a examinar sua produção escrita. Penso ter mostrado como passaram de um comportamento tímido e restrito à produção de textos expressivos, criativos, abertos. Guardadas as limitações de idade e escolaridade, *todos* os alunos passaram a buscar no texto os instrumentos de sua expressão. Foram originais na invenção; procuraram construir seus textos segundo as condições dessa invenção, livrando-se dos estereótipos e clichês; ganharam de modo surpreendente, mesmo para mim, em fluência e flexibilidade linguística; preocuparam-se em conseguir – e conseguiram em grande parte – dominar a linguagem, para usá-la segundo as condições de uso e de sua análise das circunstâncias e propósitos do texto. Por isso, mesmo quem busque analisar suas redações a partir do padrão de um dialeto culto, implicado pelo estilo formal que se espera dos textos escritos, não tem mais por que diferenciar esses alunos dos demais alunos no mesmo nível de escolaridade. Mesmo desse ponto de vista mais estreito, essa opinião favorável foi emitida por professoras familiarizadas com o ensino no primeiro grau.

Penso que não preciso ir além desses traços gerais. Pela maneira como construí esta dissertação, será fácil, neste ponto, reencontrar os fatos e anotações mais detalhadas que justificam a avaliação positiva que fizemos. E positiva em um grau muito significativo para qualquer tipo de "medida", em qualquer procedimento de avaliação.

5. Não posso deixar de levantar, entre esses aspectos positivos, dois diferentes problemas que me preocupam, dois fatores de perturbação para os quais deveria estar atenta nos projetos de sequência de meu trabalho.

O primeiro deles se refere ao fato, já discutido, de que o rendimento, o comportamento e as atitudes dos alunos ainda estavam sujeitos a fortes oscilações. Diferentes "incidentes", mínimas variações no meu comportamento, outras circunstâncias que nem sempre pude identificar eram suficientes para alterar bastante o comportamento do aluno na atividade programada para o dia e reduzir bastante a qualidade dos resultados de seu trabalho. É verdade que todos, em uma ocasião ou outra, demonstraram excelentes possibilidades. Mas deve preocupar-nos bastante o fato de que também todos tinham "o seu dia" desastrado. Penso que isso nos mostra somente uma obviedade que se deve levar sempre em conta: o trabalho pedagógico é uma longa paciência e o papel formador da escola não se completa com alguns períodos bem-sucedidos; ele supõe constância e sobretudo consistência no comportamento dos adultos que participam desse processo, em anos sucessivos e contínuos. Fico a me perguntar como serão esses alunos daqui a algum tempo, se esse período de esforço comum e coparticipação, de liberdade e opção consciente for seguido de outros em que a escola mostre de novo sua face costumeira – disciplinadora, castradora, repressiva, punitiva, seletiva.

O segundo me é lembrado por essa mesma inquietação. A relação que se estabeleceu entre mim e meus alunos ganhou aspectos fortemente afetivos. Poderia criticar-me por transformar relações estabelecidas para os efeitos de um trabalho formador comum em relações pessoais tão fortes? Quero pensar que não, mas a continuidade do trabalho tem que considerar a necessidade de levar os alunos a não mais depender desses encontros de "dois corações" que "se uniram, um tendo confiança no outro" (como diz a mãe de um dos alunos mais "reberde"). Como conseguir que os alunos se preparem para enfrentar a inconsistência do comportamento dos adultos envolvidos em sua formação? Como evitar que essa inconsistência seja respondida por eles pela solução da hipocrisia, da indiferença ou do medo, isto é, pelo ajuste dependente do comportamento?

6. Percebo que minha análise dos resultados e a vinculação que estabeleço entre eles e determinados aspectos de minha prática pedagógica podem merecer a crítica de que se trata de impressões subjetivas, de um mero trabalho "interpretativo". Mas no procedimento que venho adotando existe mesmo um convite consciente a esse esforço de interpretação. Não estou querendo assumir, por opção, uma distância fria e "objetiva" dos fatos de que não fui somente "observador", mas parte. Entendo, mesmo, que a interpretação será tanto melhor quanto mais

o pesquisador se comprometa pessoalmente com seu trabalho e com os participantes dele.

Talvez seja esse mesmo tipo de compromisso, de "proximidade", que explica por que as mães das crianças, sem nenhuma formação específica e sem nenhuma técnica de análise, chegam tão perto da mesma interpretação que faço. Vou transcrever e comentar aqui as entrevistas que pareceram mais relevantes. (Eu peço que apaguem delas as eventuais expressões elogiosas que me são feitas e que são naturais nesses contatos entre mãe e professora. Estou interessada é em mostrar a sensibilidade que demonstram pessoas que a escola, cheia de preconceitos, exclui do processo pedagógico, chamando-as somente para campanhas de arrecadação de fundos. E justamente as observações mais sutis, e mais perspicazes, vieram das pessoas mais simples e pobres, aquelas que tais preconceitos mais excluiriam do direito de opinar.)

A mãe de Clarice expressa com uma clareza admirável a importância da liberdade no desenvolvimento dos processos criativos. Aquelas crianças não eram deficientes, mas marginalizadas e reprimidas:

> "Minha filha *tava sempre sufocada, ingasgada. A sinhora como que bateu nas costas dela, feiz ela sortá as palavra não só na boca, mas na mão tamém.*"

A lição a aprender é tão simples: para soltar as palavras, na boca e nas mãos, um bom conselho é mudar a direção das "palmadas", bater nas costas e não no "bumbum", reduzir todos os aspectos repressivos e punitivos da escola – mesmo os que tão bem se disfarçam – e "desingasgar" as crianças.

Outras mães demonstraram uma percepção aguda de como a estigmatização da linguagem das crianças estava vinculada a essa sufocação e engasgamento; mais, de como a valorização dessa linguagem foi condição de uma reavaliação e autovalorização; e, ainda, de como a compreensão da relação entre dialeto e circunstâncias de uso levou as crianças a desejar dominar também o dialeto culto. Uma delas, a mãe da Evanil:

> "Outro dia minha filha ainda me disse: '*Num sabia que eu num era burra*. A dona feiz vê que *eu posso aprendê*, que *essa língua que nóis fala num é assim errada, nóis num precisa tê vergonha dela*.' Mais *aprendê essa língua da escola é uma boa tamém, sabê falá os dois jeito*."

A seu modo, a mãe da Jovelina reproduz observações semelhantes:

> "A sinhora desceu até nóis e cum isso as criança qué chegá até a sinhora, *qué falá iguar a sinhora, qué remedá a sinhora, não cum ar de deboche*."

É quando se consegue eliminar esse recíproco, agressivo "ar de deboche", quando se respeitam as diferenças, que se abre realmente o caminho para um enriquecimento mútuo. Aprendi muito com eles e puderam aprender comigo – sem que me sinta estar reproduzindo um velho clichê. A mãe da Eliane expressou essa lição com muita beleza:

> "*Esse jeito* da sinhora *ponhá grandeza na fala da criança levô ela longe*. As estoria que minha filha já sabe escrevê! Isso mostra pra gente que *ela tem boa cabeça*, e isso ela deve a sinhora."

Nessas e outras manifestações me parece sempre estar presente o ponto central, a hipótese inicial que orientou todo meu trabalho: a de que o ensino-aprendizagem da linguagem escrita, a produção de textos, o desenvolvimento da capacidade de expressão verbal estavam, de um modo direto e básico, dependentes da descoberta pelos alunos de si mesmos, da valorização pessoal e da valorização da própria linguagem, de uma mudança de atitude diante de seu próprio texto, diante dos interlocutores no processo comunicativo ou receptores de suas manifestações.

Concluo este item apenas copiando e grifando uma ou outra das melhores partes dessas entrevistas:

> "A senhora *deixa de ser professora e é muito mais uma amiga*; ele confia na senhora e sente que a senhora confia nele, tem paciência de ouvir ele falar..."

"Sinto tão contente que *todas essas estórias lindas de autoria de meu filho parece fazer parte de mim*. Toda vizinhança foi ver as coisas que o Almiro escreveu e a estória dedicada à avó dele comoveu todo mundo. *E agora toda hora só quer compor estorinhas e mostra orgulhoso pra todos.*" (Mãe do Almiro.)

"A sinhora foi uma escora pro meu filho, uma escora que agora já pode tirá. E eu agradeço pela sinhora tê feito ele *escrevê as coisa que eu num sabia que ele pudia escrevê. Acho que nem ele mesmo num sabia.*" (Mãe do Marcelo.)

"Acho que o bom mesmo foi *que dois coração se uniram, um tendo cunfiança no otro. Meu filho é reberde e sem isso nada a dona tinha conseguido dele.*" (Mãe do Elianes.)

E assim por diante.

7. Uma outra crítica habitualmente feita ao procedimento por mim adotado é a de que a avaliação não permite fazer seguras generalizações. Este tipo de pesquisa se assemelharia a um estudo de "caso". Mas também o estudo de casos se presta a certas ampliações: os ambientes de aprendizagem, apesar de sua diversidade, apresentam traços comuns; nós professores sempre estamos enfrentando problemas paralelos, e a introdução de novas estratégias provoca reações semelhantes em diferentes classes e escolas.

Além disso, um aspecto peculiar da situação que enfrentei facilita muito uma extensão da reflexão teórica e metodológica e outras situações. Trata-se do fato de que ela envolve traços característicos da escola brasileira e de turmas de alunos menos favorecidos (ver cap. 1).

É verdade que as estratégias e as atividades específicas utilizadas em uma determinada classe não se podem tomar como receita ou modelo a aplicar-se indiscriminadamente. Nem por isso se deixa de apontar para uma importante generalização:

– cada classe tem sua história, pelo que não se devem fazer generalizações a partir de pesquisas que criem, estabeleçam suas próprias circunstâncias neutralizando essa história;

– cada episódio no processo ensino-aprendizagem, em cada um de seus aspectos, depende de fatores implicados no processo global; e esse processo, por sua vez, depende das circunstâncias reais, sociais, econômicas e culturais em que vive a comunidade participante: pelo que, mais uma vez, não se devem fazer generalizações baseadas em situações artificiais, polidas, fragmentárias, moldadas de acordo com os propósitos e pressupostos da pesquisa, limitadas às possibilidades dos instrumentos de medida à disposição.

Penso que é muito útil estabelecer condições de validade das generalizações na pesquisa em educação: já é positivo dizer quando *não* se deve confiar muito em generalizações.

Em última análise, este trabalho não reproduz senão um passo do aprendizado a que eu mesma me submeti. Quem sabe a descrição desse esforço de aprendizado tenha alguma utilidade para outros.

Assim espero.

Obras citadas

1. BERNSTEIN, B., "Uma crítica ao conceito de educação compensatória". Em *Democratização do ensino: meta ou mito?*, org. Zaida Brandão, Rio de Janeiro, Francisco Alves, 1979, pp. 43-58.
2. CAMACHO, R. H., "Variação linguística e norma pedagógica". Em *Subsídios à proposta curricular de língua portuguesa para o 2º grau*. Vol. IV, SE/CENP/UNICAMP, São Paulo, 1978.
3. _____, *Duas fases na aquisição de padrões lingüísticos por adolescentes*. Universidade Estadual de Campinas (tese de mestrado: mimeografada), 1978.
4. CHOMSKY, N., "A linguagem e a mente". Em Chomsky e outros, *Novas perspectivas linguísticas*, 2ª ed., Petrópolis, Vozes, 1971, pp. 28-42.
5. CUNHA, L. A., *Educação e desenvolvimento social no Brasil*, 3ª ed., Rio de Janeiro, Francisco Alves, 1978.
6. _____, "Notas para uma leitura da teoria da violência simbólica". Em *Educação e sociedade* (4), Campinas, FE-UNICAMP, 1979, pp. 79-110.
7. _____, *Uma leitura da teoria da escola capitalista*. Rio de Janeiro, Achiamé, 1980.
8. DOCUMENTS IDAC, "Atention, École!", Genebra (16-17), 1973.
9. FRANCHI, C., "Linguagem: atividade constitutiva". Em *Almanaque*, 5, Brasiliense, São Paulo.
10. _____, "Criatividade e gramática", UNICAMP (mimeografado).

11. FREIRE, P., *Ação cultural para a liberdade*, Rio de Janeiro, Paz e Terra, 1976.
12. _____, "A alfabetização de adultos: é ela um que fazer neutro?". Em *Revista Educação e Sociedade* (1), Campinas, FE-UNICAMP, 1978, pp. 64-70.
13. _____, "Criando métodos de pesquisa alternativa: aprendendo a fazê-la melhor através da ação". Em *Pesquisa participante*, org. C. R., Brandão, São Paulo, Brasiliense, 1981, pp. 34-41.
14. GNERRE, M., "Linguagem e poder". Em *Subsídios à proposta curricular de língua portuguesa para o 2? grau*. Vol. IV, SE/CENP/UNICAMP, São Paulo, 1978.
15. GUILFORD, J. P., "Creativity: its measurement and development". Em *A Source Book for Creative Thinking*, org. S. J. Parnes e H. C. Harding, Nova York, Charles Scrilner's Sons, 1962, pp. 151-68.
16. KOSIK, K., *Dialética do concreto*, Rio de Janeiro, Paz e Terra, 1976.
17. LABOV, W., "Stages in the Acquisition of English". Em *Social Dialects and Language Learning*. National Council of Teachers of English, 1965, pp. 77-103.
18. LAWTON, D., "Pesquisas sobre as relações entre linguagem e escola". Em *Democratização do ensino: meta ou mito?*, org. Zaida Brandão, Rio de Janeiro, Francisco Alves, 1979, pp. 25-42.
19. LEMOS, C., "Coerção e criatividade na produção do discurso escrito em contexto escolar: algumas reflexões". Em *Subsídios à proposta curricular de língua portuguesa para o 2? grau*. Vol. III, SE/CENP/UNICAMP, São Paulo, 1978.
20. _____, "Jogos demonstrativos de estrutura de eventos no período pré-linguístico: seu estatuto como pré-requisito de desenvolvimento da linguagem". Comunicação apresentada no 3? Encontro Nacional de Linguística, PUC, Rio de Janeiro, outubro de 1978.
21. _____, "Redações no vestibular: algumas estratégias", pp. 61-71. Em *Cadernos de Pesquisa*, 23, 1977.
22. LURÇAT, L., "Desvalorização e autodesvalorização na escola". Em *Democratização do ensino: meta ou mito?*, org. Zaida Brandão, Rio de Janeiro, Francisco Alves, 1979, pp. 62-70.
23. MELLO, G. N., "Fatores intraescolares como mecanismo de seletividade no ensino de 1? grau". Em *Educação e sociedade* (2), Campinas, FE-UNICAMP, 1979, pp. 70-7.

24. NIDELCOFF, M. T., *Uma escola para o povo*. São Paulo, Brasiliense, 1978.
25. _____, *A escola e a compreensão da realidade*, São Paulo, Brasiliense, 1979.
26. NOVAES, M. H., *Psicologia da criatividade*, 2ª ed., Petrópolis, Vozes, 1972.
27. PARLETT, M. e HAMILTON, D., "L'evaluation illuminative: une demarche nouvelle dans l'Etude des Programes d'Innovation" (apostila do Cours intensif de formation sur l'evaluation en matière d'enseignement). Paris, Institut International de Planification de l'Education, 1975.
28. POSSENTI, S., "Discurso e texto. Imagem e/de constituição". Em *Sobre a estrutura do discurso*, UNICAMP, 1981, pp. 39-62.
29. STUBBS, MICHAEL, *Language, Schools and Classrooms*. Contemporary Sociology of the School, org. geral John Eggleston, Methuen Co. Ltd., Londres.
30. VIAL, M., "Um desafio à democratização do ensino: o fracasso escolar". Em *Democratização do ensino: meta ou mito?*, org. Zaida Brandão, Rio de Janeiro, Francisco Alves, 1979, pp. 11-23.

Apêndices

OUTRAS ATIVIDADES PROPOSTAS EM CLASSE

Atividades gramaticais

Na 3ª série uma criança já possui uma variada experiência assimilada que lhe permite a utilização satisfatória e eficaz da linguagem. Esta não lhe serve somente de instrumento de comunicação em seu grupo social, mas ainda oferece e constitui a forma de manifestação e organização de sua própria experiência.

Assim, mesmo ao chegar à escola, a criança já possui uma "gramática" não menos sistemática que a gramática do dialeto culto, e adequada aos mesmos procedimentos de análise e síntese verbais. Gramática aqui está sendo entendida em um sentido aproximado ao que lhe atribui Chomsky: como um sistema de regras implícitas, dominadas (interiorizadas) pela criança, que lhe permitem produzir e compreender as expressões de acordo com o sistema linguístico da comunidade, rejeitando outras como inaceitáveis.

Partindo dessa gramática básica, do fato de que as crianças já dominam certos mecanismos de produção de frases, tratou-se de criar condições para que os alunos ampliassem esses mecanismos atingindo estágios um pouco mais complexos.

O objetivo primeiro a conseguir era não só o desenvolvimento verbal criativo da comunicação oral e escrita como o melhor desempenho da criança no dialeto-padrão, embasados no livre exercício da capacidade expressiva e comunicativa da criança. Nesse caso, uma teoria gramatical só iria inibir a criatividade, fruto de um comportamento original e espontâneo.

Desta maneira, os fatos gramaticais foram apresentados conforme os diferentes estágios do desenvolvimento da linguagem do aluno, mediante diferentes estratégias que sempre envolveram a compreensão e a produção de textos.

Intercalando as atividades, foram criados instrumentos, os quais, aplicados quando uma dificuldade surgia, contribuíram indiretamente para um melhor desenvolvimento da comunicação escrita da criança.

As primeiras atividades feitas pelos alunos, para o enfrentamento de problemas gramaticais, foram elaboradas quando da aprendizagem das técnicas do diálogo, cujo objetivo foi enfrentar dificuldades como pontuação e distinção entre frases interrogativas, afirmativas, negativas e exclamativas. Exercícios orais foram precedidos de atividades escritas, elaboradas pelas próprias crianças, que partiam de uma frase-estímulo (afirmativa). Exemplos:

FRASES INTERROGATIVAS	FRASES AFIRMATIVAS	FRASES EXCLAMATIVAS
Sandra está viajando?	*Sandra está viajando.*	*Como Sandra está viajando!*
Quem está com dor de barriga?	*A menina está com dor de barriga.*	*Nossa! A menina está com dor de barriga!*
O que quebrou?	*A régua quebrou.*	*Ai! A régua quebrou!*

Quando os alunos começaram a reproduzir estorinhas, a dificuldade já foi outra, por sinal, notada também quando do diagnóstico inicial: pontuação : – para assinalar a "fala" do narrador e a "fala" da personagem.

Eis alguns exercícios, sempre tirados de um fato interessante acontecido ou vivido entre os alunos:

Transforme as frases colocando dois-pontos e travessão:

a) Elianes disse que mataria quem mexesse de novo nos carrinhos dele.
b) Elianes disse:
– Eu mato quem mexer de novo nos meus carrinhos.
a) Vanderlei disse que estou com uma bota nova.
b) ....
a) Ele jurou para a mãe que não queria ganhar mais nada.
b) ....
a) Érica e Clarice falaram que queriam ler a lição.
b) ....
a) Rosemary e Eliane afirmaram que não iam mais faltar às aulas.
b) ....
a) Os alunos da outra classe juraram que não tinham quebrado a vidraça.
b) ....
a) Marcelo pergunta para o Márcio se ele iria ao cinema.
b) ....
a) A mãe de Evanil perguntou para Dona Eglê se ela era comportada na aula.
b) ....

Para exercitar o uso da vírgula em casos simples foram feitas atividades, primeiro oralmente (mostrando a pausa na leitura) e depois escritas, como:

Reduzir o texto abaixo em uma só frase:
(Não se esqueça das vírgulas.)

Aos domingos eu me levanto tarde. Aos domingos eu tomo café, bem devagar. Depois dou uma olhada no jornal. Depois vou ouvir umas músicas.

Copie o texto abaixo:
– Renata, venha à lousa.
– Clarice, venha à lousa.
– Érica, venha à lousa.
– Márcio, venha à lousa.
– Marcelo, venha à lousa.
Diga tudo isso numa frase só.

Agora veja este texto:
Ontem eu me encontrei com Elaine. Ontem eu me encontrei com Clarice. Ontem eu me encontrei com Almiro.
Diga tudo isso numa frase só; como ficou?

Leiam o texto abaixo:
André gosta de jogar futebol. Márcio gosta de jogar futebol. Almiro gosta de jogar futebol.
Você é capaz de dizer tudo isso numa frase só? Escreva então e não se esqueça das vírgulas.

E agora diga como eu poderia falar numa frase só o seguinte texto:
– Renata, venha à lousa. Renata, apague esse desenho. Renata, pegue o giz. Renata, escreva o que eu vou lhe falar.

Quando da análise das primeiras redações das crianças percebeu-se que elas, de um modo muito geral, flexionavam no plural o artigo e deixavam no singular os demais componentes do sintagma nominal. Parece ser esta uma questão do dialeto coloquial da região, e, portanto, para não ferir a sensibilidade do aluno, foram usadas estratégias que reforçassem o cultivo de habilidades importantes, como a percepção da diferença entre as duas variantes e o conhecimento do valor social de uma sobre outra, habilidades que dessem à criança a capacidade de selecionar o grau relativo de formalidade da situação.

Para isso, os exercícios foram precedidos de afirmações como:

– A língua que vocês falam não é errada.
– É bom sabermos falar de outra maneira também.
– Vejamos então na linguagem escolar como ficam as frases:
Os livros está rasgado = Os livros estão rasgados.

Minhas canetinha sumiu da carteira = Minhas canetinhas sumiram da carteira.
Hoje as professora chegou tudo tarde = Hoje as professoras chegaram todas tarde.
O cão pegou os bolinho = O cão pegou os bolinhos.

Outros exercícios para concordância do adjetivo predicativo com o sujeito:

Eles ficaram amigo = Eles ficaram amigos.
Elas pareciam contente = Elas pareciam contentes.
Eles eram muito bonito = Eles eram muito bonitos.

As crianças também apresentaram problemas quando concordaram o intensivo "muito" com o adjetivo. Então foram feitos exercícios:

Eu e Rex somos muitos amigos = Eu e Rex somos muito amigos.
Os dois ficaram muitos amigos = Os dois ficaram muito amigos.

Para a concordância verbal, quando as crianças apresentaram dificuldades durante a composição de textos, foram dados os seguintes exercícios:

É de manhã! O despertador tocou! Todo mundo tem que pular da cama, lavar o rosto e escovar os dentes.
Complete as frases abaixo para saber o que todos fazem.
Eu .... da cama, ... o rosto e .... os dentes.
Você também .... da cama, ... o rosto e .... os dentes.
Meus irmãos .... da cama, ... o rosto e .... os dentes.
Nós todos .... da cama, ... o rosto e .... os dentes.

A que horas sua família toma o café da manhã? Vocês tomam café juntos ou não? Responda completando as frases abaixo:

Eu .... às .... horas.
Meu irmão .... às ..... horas.
Meus pais .... às ..... horas.
Nós .... juntos.

Ligar as três colunas formando frases:

Maria e Lúcia	gosta de	doce de leite
Eu	gosta de	futebol
Você	gostamos	televisão
Nós	gosto muito de	viajar
Ele	gostam de	sorvete

Copie as frases que formou.

Vamos trabalhar oralmente. Um de vocês lê o que está escrito e o outro completa a frase:
Roberto Carlos canta bem
Ele ....
.... canto bem
Nós ....
Você ....
.... cantam bem
Ela ....
Vocês ....

Leia o texto:
Quanta coisa para fazer! Uma carta para escrever, um questionário para responder e um problema para resolver.

Complete as frases abaixo para saber se as pessoas dão conta de tantas obrigações.
a) Eu faço tudo! Eu .... a carta, ... ao questionário e .... o problema.
b) Marta .... a carta, não .... ao questionário nem .... o problema.
c) Nós .... a carta, ... ao questionário e .... o problema também.
d) Eles não fazem nada! Não .... a carta, não .... ao questionário e não .... o problema.

É hora do café da manhã! O que vamos comer? Ligue as três colunas formando as frases:

Eu	comemos	pão com manteiga
Meus irmãos	come	bolacha
Minha mãe	comem	pão com queijo
Nós	como	bolo

Copie as frases que você formou.

Na hora do lanche todo mundo é camarada e reparte o lanche *com alguém:*
Eu .... *o lanche com meu irmão.*
Você ....*o lanche com Márcio.*
Almiro ....*o lanche com Paulo.*
Vocês .... *o lanche com seus amigos.*
Nós ....*o lanche sempre!*

Complete as frases usando a palavra entre parênteses. Faça as combinações necessárias:
– *Silêncio! Eu não .... barulho (permitir).*
– *A Senhora .... que eu saia um pouco (permitir)?*
Nós .... com rapidez (dividir).
Eu .... o que faço e vocês .... o que fazem (decidir).
Os guardas não .... estacionamento nesta rua (permitir).

Muito naturalmente os alunos começaram a aplicar nas redações formas oblíquas átonas, com um mínimo de exercícios como os que se seguem:

Substitua as palavras repetidas por o, a, os, as*:*
A casa estava aberta, por isso tranquei a casa *toda.*
Vou levar as crianças ao parque mas logo trago as crianças *de volta.*
Pegue os livros e guarde os livros *na estante.*
Ache a tesoura e traga a tesoura *para mim.*
Traga seu amigo para casa e apresente seu amigo *à família.*
O cachorro está triste, deixe o cachorro *sair.*

E assim exemplos como estes, tirados dos próprios trabalhos dos alunos, tinham por objetivo principal oferecer às crianças os instrumentos necessários para que pudessem adequar seu ato verbal às necessidades reais que lhes impunha a situação, tendo assim oportunidade de escolha entre seu dialeto e o dialeto escolar.

As dificuldades quanto ao nível *palavra* foram trabalhadas muito pouco com as crianças. Entretanto, quando começaram a compor suas próprias estorinhas, as crianças se interessaram em saber como se escreviam determinadas palavras e que palavras poderiam empregar nessa ou naquela situação. Nunca impus nem sugeri um determinado vocabulário. Apenas possibilitei às crianças dizerem o que desejavam, conduzindo-as à descoberta dos vários modos de se expressar.

Foram dados exercícios de acordo com as dificuldades mais comuns entre os alunos:

– *l* final — – Jornal
– *o* final — – rio – tio
– *l* intercalado — – voltar
– *ão – am* — – resolverão, resolveram
– *lha* — – filha
– *lia* — – família

Foram também exercitados vocabulários cujas dificuldades eram:

– *ss* — – passar
– *h* — – hoje
– *que, qui* — – queijo – quilo
– *r* intercalado — – armar
– *s* intercalado — – pastor
– *m* antes de *b* e *p* — – ambulância – campo
– *x* — – exame, experiência, caixa
– *rr* — – carro, derrapar

Os exercícios apresentados para a classe, quando os problemas ortográficos apareciam, seguiram a seguinte ordem de atividades:

- cópia das palavras no caderno;
- leitura oral da listagem de palavras;
- leitura rítmica das palavras da listagem;
- separação de sílabas;
- marcação da sílaba tônica;
- identificação da família de algumas palavras;
- recorte e colagem de palavras (de acordo com a dificuldade);
- formação de frases.

Também, para melhor fixação da ortografia de palavras trabalhadas durante as atividades, sempre era dada para a classe uma atividade lúdica, o "Bingo Ortográfico". Este se revelou um excelente estímulo para treinar a atenção do aluno no que se refere ao exercício de ortografia. Mas o importante é que as palavras exercitadas já pertençam ao vocabulário da criança. Esta precisa já ter compreendido a significação das mesmas, saber utilizá-las em frases, enfim, já ter incorporado estas palavras ao seu vocabulário. A principal finalidade do "Bingo Ortográfico" é o exercício da atenção na escrita das palavras.

Atividades textuais

Para exploração dos textos que intercalaram as atividades, de acordo com os objetivos específicos das mesmas, a seguinte ordem de desenvolvimento das etapas foi seguida:

a) leitura silenciosa seguida pela leitura da professora;
b) vocabulário ortográfico (entendimento e significado das palavras desconhecidas);
c) exercícios de compreensão do texto;
d) leitura oral;
e) dramatização;
f) exercícios sobre dificuldades gramaticais (nível frase, nível palavra);
g) cópia do texto;
h) reprodução ou produção de uma estória a partir do texto estimulado.

Não só os textos a seguir foram explorados, mas também alguns do livro de leitura da classe, escolhidos cuidadosamente de acordo com o interesse e a realidade da criança.

Normalmente o caboclo, isto é, aquele sertanejo que mora no interior do Brasil, tem uma maneira muito especial de falar – chamam-no de caipira, mas vocês já sabem que a linguagem dele não tem nada de errado, é só diferente da nossa, daquela que vocês estão aprendendo na escola.
Veja que estorinha interessante:

NUM FARÁ MAR?
Cornélio Pires

No interior do Brasil, ao se chegar a uma casa em hora de refeição, especialmente na roça, é comum perguntarem:
– Quem sabe se o senhor não almoçou ainda?
Ou então:
– Quem sabe se o senhor ainda não jantou?
Mas, algumas vezes se esquecem de indagar essa particularidade e a situação do hóspede não é das mais boas.
O Balduíno, no seu cavalo abombado, chegou uma tarde à fazenda de amigos e tendo-se atrasado no caminho, não chegou a tempo para o jantar.
Os donos da casa foram amabilíssimos. O fazendeiro mandou desencilhar o animal e dar-lhe boa ração de milho, antes de soltar no pasto.
Mas, que descuido. Ninguém se lembrou de perguntar ao Balduíno se já havia jantado. Com o estômago nas costas, o pobre caipira até perdeu o jeito de conversar.
Ao chegar a hora de se deitar, veio na forma do antigo costume o bacião de água, enorme, para o hóspede lavar os pés.
Só então, o Balduíno achou uma oportunidade.
– Lavá os pés in jejum, num fará mar?
Foi um corre-corre para arranjar comida para o caboclo.

Entre as atividades desse texto consta também a seguinte:

Diga na "linguagem oficial" o mesmo que Balduíno disse quando chegou o bacião de água para que ele lavasse os pés.

O BONDE
Augusto Meyer
(adaptação)

O primeiro bonde elétrico parou em frente de nossa casa, como um brinquedo de gente grande.
As janelas ficaram apinhadas de gente curiosa.
Algumas pessoas davam explicações minuciosas, como andava sobre os trilhos, o mecanismo todo. Alguns querendo examinar de perto o monstro largavam a correr como loucos, outros chamavam de dentro de casa as pessoas e gritavam:
– Fifina vem vê o bonde novo, depressa.
– Óia o bonde sem burro sô!
E a gurizada, num barreiro de festa:
– Óia o bonde eletro, óia ele!
Cães latiam excitados. O velho Sampaio surgiu na porta da loja, com o metro na mão e a bigodeira maior na face espantada; por cima do seu ombro, aparecia o nariz bicudo e curioso do caixeiro.
Os guardas que vinham na traseira do carro, pediam calma e avisavam que estava na hora, que se afastassem todos porque agorinha mesmo o bonde ia partir.

Entre as atividades de exploração do texto, peço às crianças que transponham a linguagem coloquial para a linguagem culta.

MENINADA
Wilson Galvão do Rio Apa

Chutá! (Que bomba, seu)
A bola passa raspando os galhos da goiabeira e vai direto ao vidro da janela: pou! crriinn! E entra pela cozinha do velho casarão todo fechado, espremido entre prédios de apartamentos.
– Mete o pé, turma!
O time da rua da Vertente do bairro da Caixa d'Água debanda do comprido quintal – que dá para um campinho. É só guri trepando, pulando o muro. Mas Rubico e Dolenga não pulam. A cavalo no cimento, os dois dão boas risadas da turma:
– Não mora ninguém na casa, seus medrosos!
– Vocês não são de nada!

Só aí o resto da tropa se lembra que faz mais de um ano que o casarão está vazio. Voltam, trepam no muro e ficam equilibrando no alto.
  – Como é? Quem chutou tem que ir buscar a bola.
  – Sozinho é que não vou.
  Começa o bate-boca e quase acaba dando briga em cima do muro. Frango, o goleiro do time, salva na horinha:
  – Vai toda a tropa. É batuta lá dentro.

Devido à "Copa do Mundo" e o interesse das crianças por futebol, a poesia "Futebol" serviu para mostrar aos alunos "figuras" que podem conter um texto:

FUTEBOL
B. Sampaio

Começa o jogo dos onze
Contra os onze contendores.
Figuras fortes de bronze
Que sonham ser vencedores.

    E o sol quente desce do alto
    Sol de amolecer o asfalto,
    Sol de entristecer as flores...
    E se derrama da altura,
    E morde a musculatura
    Dos vinte e dois jogadores...

Vem a bola, vai a bola.
Voa a bola, rola, rola,
Nem se sabe de quem é,
Porque rápida ela rola,
Rola, como bola que é,
E ora está aqui, ora lá,
Ora no pé deste está
E já depois noutro pé!
Empurrão, mais empurrão,
Corpo que tomba no chão,
Pontapé mais pontapé...
Vem a bola. Vai a bola,
Voa a bola, rola, rola,
Nem se sabe de quem é!

E continua o sol a queimar o infinito,
E a arder na relva em redor...
Quando um grito, um grande grito
Grita gol!... Cansaço e suor
Tiveram sua recompensa,
Segundo em verdade pensa
O grupo que é vencedor...
Porque em verdade o vencido,
Com os olhos postos no chão,
Vai pensando em suor perdido,
Com tristeza e com razão...

– Um a zero! Um a zero!
Um a zero! Um a zero!
E entre gritos recomeça
A luta com mais furor
Que o vencido faz promessa
De vencer o vencedor!

E há faltas desaforadas!
E o apito pune as marradas
E os empurrões. Ele diz:
– Muito juízo, camaradas,
Tenham cuidado com o juiz.

E a bola rola que rola,
Nem se sabe de quem é.
Porque rápida ela rola
Rola como bola que é!

Rola mais, rola de novo
Tine o apito, grita o povo,
E um mais atrevido diz:
– Sim senhor, que palhaçada!
Sim senhor! isto é que é juiz?
Mas outro que vai contente,
Logo, logo o contradiz,

Frisando doutoralmente.
– Sim senhor! Isto é que é juiz!...
– Um a zero! E acaba o tempo.
E apito afinal tocado.
Pronto. O jogo está acabado.

– Um a zero! Um a zero!
Gritam alto os vencedores.
Dão-lhes corbelhas de flores,
E muito abraço sincero.
– Um a zero! Um a zero!

E do grupo dos vencidos
Nenhum quis gritar, nenhum,
Com números invertidos,
O avesso de um a zero
– Zero a um!...

E eu fui para casa. Rolava
A bola dentro de mim...
E dentro de mim gritava
O povo um grito sem fim.

E o sol vermelho, o sol formoso
Devagarinho, silente,
Fazia um gol luminoso
Na rede de oiro do poente...

Textos utilizados para as reproduções

1) O lápis e o apontador

(Jairo Lazzarini – 3.ª série da
E.E.P.G.E. Dr. Edmundo de Carvalho)

Era uma vez um lápis e um apontador. Os dois eram muito amigos e trabalhavam sempre juntos.

Sempre que a ponta do lápis quebrava, lá estava o apontador para ajudá-lo.

Certo dia, o lápis vendo o apontador triste, perguntou:

– Amigo apontador, por que está tão triste?

O apontador respondeu:

– Estou triste porque ontem meu dono me lavou e eu enferrujei. Agora não aponto mais.

– Ora, amigo apontador, eu tenho um truque infalível! Quebro a minha ponta e quando nosso dono for me apontar, verá sua lâmina enferrujada e lhe comprará outra.
Assim fizeram e deu certo. Finalmente, o apontador voltou a funcionar.

2) A pequenina Fernanda

(Autor desconhecido)

A pequenina Fernanda que costumava dormir esparramada na cama, de repente começa a dormir de bruços.
O pai estranhou aquela maneira de deitar e perguntou:
– Fernandinha, por que é que você agora dorme de barriga para baixo?
– O senhor não sabe?
– Claro que não.
E a menina explica, mostrando a sua gordura:
– Eu durmo de barriga para baixo que é para não achatar meu anjo da guarda.

3) A pulga ambiciosa

Henrique Richetti
(adaptado)

Joli é um pobre cachorrinho abandonado. Vive na rua revirando latas de lixo a procura de ossos.
As pulgas tomaram conta dele. Joli ficou tão pulguento que até as pulgas se sentiram mal. Seu corpo já não chegava para tantas.
Um dia uma das pulgas teve uma ideia. Pulou do Joli e encaminhou-se para a cidade.
Ao vê-la uma formiga perguntou-lhe:
– Pra onde vai com tanta pressa?
Ela deu um suspiro e respondeu:
– Ah! Vou pra cidade comprá um bilhete de loteria.
– Pra que?

– Pra tirá a sorte grande.
– Sorte grande? perguntou-lhe a formiga admirada. Pra que tirá a sorte grande?
Muito convencida a pulga respondeu:
– Pra comprá um cachorro só pra mim.

4) Rodrigo e seus chinelos

Patrícia Lopes Aroeira

Rodrigo acordou sonolento. Esfregou um olho, depois outro. Desceu da cama e procurou os chinelos. Mas só achou um pé.
– Onde tá o outro chinelo?
Surpreso ouviu uma vozinha fina e chorosa.
– Tô aqui! Ai... Ai...
O menino olhou em volta e viu quem falava e gemia daquele modo; era o outro chinelo que fazia esforço para se equilibrar no trinco da porta.
– O que você tá fazendo aí? Por que estes gemidos todos?
– Ainda pergunta? Foi você mesmo quem me jogou aqui.
– Ah! Agora me lembro... Ontem à noite sacudi os pés para cima e você voou para longe... Foi tão engraçado...
– Engraçado porque não foi você que passou a noite tão mal acomodado e sofrendo tanto.
– Desculpe-me. Acho que tem razão. Se eu dormisse na maçaneta de uma porta, acordaria com o corpo cheio de dores.
Dizendo isto, Rodrigo retirou o chinelo da incômoda posição. Depois calçou-o com cuidado. Afinal, aquele chinelo era um velho amigo... E os amigos a gente sempre trata bem.

5) A margaridinha preguiçosa

Maria Lúcia C. Aroeira
Luciana M. M. Passos
(adaptação)

No dia seguinte, a margaridinha ouviu outra batida na porta:

– Chu... chu... chu...
– Quem é?
– Sou eu, o Vento... disse uma voz tremida. Quero entrar na sua casa.
– Não, não senhor Vento, vou ficar despenteada.
E o Vento foi-se embora.

Mas um dia, a margaridinha acordou com uma barulhada na porta:
Toc... toc... Chu... chu... Flap... flap...
A Chuva, o Vento e o Sol vieram buscar a margaridinha para ver a primavera.
A Chuva pegou na sua mão direita, o Sol na sua mão esquerda. O Vento foi soprando de mansinho.
Quando a margaridinha olhou, estava num jardim cheio de flores, crianças e pássaros.

Era uma vez uma margaridinha branca.
Vivia quietinha na sua casa.
Um dia, ela ouviu uma batida na porta.
Toc... toc... toc...
– Quem é?
– Sou eu, a Chuva... disse uma voz molhada.
Quero entrar na sua casa.
– Não, não dona Chuva, vou ficar toda molhada.
E a Chuva foi-se embora.

No terceiro dia, a margaridinha ouviu outra batida na porta:
Flap... flap... flap...
– Quem é?
– Sou eu, o Sol, disse uma voz quente. Quero entrar na sua casa.
Não, não senhor Sol, vou ficar toda queimada.
E o Sol foi-se embora.

Texto utilizado na avaliação bimestral

O cavalo que não podia correr

Adriana Monchiero
(Aluna da 3.ª série da E.E.P.G. Agr.
Dr. Antônio Carlos Couto de Barros, 1980.)

Um senhor comprou um cavalo na Fazenda Santana. Este cavalo era branco e brilhante, com crina dourada, parecia um cavalinho de pelúcia. Ele se chamava Douradinho e seu dono um dia lhe falou:
– Douradinho, vamu vendê mercadoria na cidade?
Arreou o cavalo na carroça e partiu para a cidade dizendo-lhe:
– Vamo, ocê tem que andá mais depressa, Douradinho. Porque ocê num corre? O que tá conteceno?
No outro dia o homem levou Douradinho ao veterinário e este disse:
– Este cavalo está com problemas nas patas, é preciso enfaixá-la e deixá-lo repousar por 3 dias.
Após três dias o cavalo estava forte como um leão, de rabo espalhado e lustroso e corria como ele só.

REPRODUÇÕES

Sousas, 31 de março de 1982
Nome Eliane Aparecida Rigatto Paulino
Língua Portuguesa
Reprodução

O lápis e o apontador

Era uma vez um lápis e o apontador que eram grandes amigos, quando um quebrava o outro para ajudá-lo.

Um dia o apontador estava muito triste e o lápis perguntou:

— Por que você esta tão triste, amigo apontador? — Porque ontem meu dono me lavou e eu enferrujei e agora não aponto mais.

— Amigo apontador, não fique triste eu tenho uma grande idéia, quebre a minha ponta e quando o nosso dono for me apontar verá que você está enferrujado e comprará uma lâmina nova para você.

E deu certo, o apontador voltou funcionar muito contente muito feliz.

— Por que você está triste?

— Porque meu dono me lavou e eu me enferrujei.

176 • apêndices

nome: Silvia Cp. Pasquanelli
idade: 9 anos
Sousas, 6 de Abril de 1982

Parabens!!

Reprodução
A pequenina Fernanda

A pequena Fernandinha que estava acostumada a dormir esparramado na cama, de repente começa a dormir de bruços.

Seu pai estranhou a quela maneira de dormir e perguntou:

— Fernandinha porque que dorme agora de barriga para baixo?

— O senhor não sabe?

— Claro que não.

E a menina explica mostrando sua gordura.

— Eu durmo de bruços, para não achatar meu anjo da guarda!

178 • apêndices

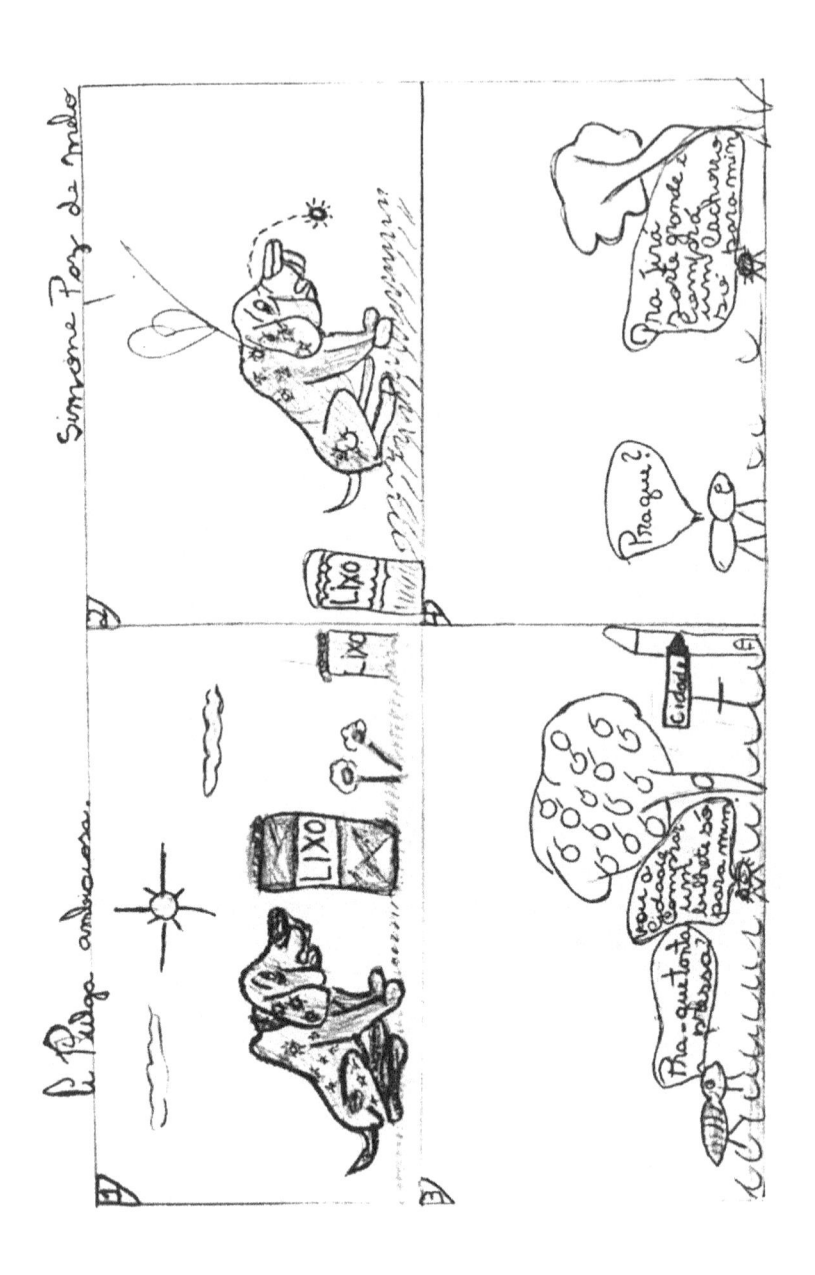

Lavras 15 de Abril de 1982
Nome: Fauani Oliveira   9ª serie A Dom Inglês
idade: 9 anos

Língua Portuguesa

Reproducão
A pulga americana

Ela é uma pista caubói... isso - lata.
Olivia namorando lotes de lince procurando osso.
Ca pulgas tomaram conta dele.
Li pulgas até se sentiram mal na roupa dele.
Vamos dolar teve uma idéia!
Lídia eu de u casa cidade comprar um bilhete de
loteria.
Eu se encaminhou para cidade encontrou uma fer-
muga e perguntou: (Onde vai comtartá puma?
Vou a cidade comprar um bilhete de loteria.
Por que?
Ba tem este grande a comprar um vacha-
ne o pro cima.

180 • *apêndices*

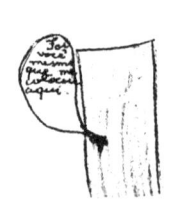

Sousa - 20 de Abril de 1982
nome: Eliones José Barbosa

3ª Série A

10 Anos

Reprodução
Rodrigo e seu chinelo   Boa reprodução!

    Rodrigo acordou sonolento esfregou um olho e depois o outro levantou da cama e procurou os chinelos, achou um pé:
— Onde está o outro chinelo?
    Surpreso ouviu uma vozinha fina e chorosa:
— Estou aqui hi! hi!.
— O menino olhou para traz e viu o outro chinelo daquele jeito ae se equilibrando na maçaneta da porta.
— O que você faz ai? Por que esses gemidos todos?
— Foi você mesmo que me jogou aqui!
— Ah! agora me lembro foi tão engraçado!
— Engraçado nam! não foi você que dormiu numa maçaneta da porta tão mal acomodado e sentido dores!
— Acho que você tem razão, se eu dormisse numa maçaneta da porta me sentiria mal acomodado, descupe-me.
    Dizendo isso ele retirou o chinelo calçou-o com cuidado. Afinal aquele chinelo era um velho amigo e os amigos a gente trata bem.

Sousas, 23 de Abril de 1982
nome Eliane Aparecida Rigotto Paulino
idade: 10 anos
3ª série A
Reprodução

Ótemo !!

A margaridinha preguiçosa

Era uma vez, uma margadidinha preguiçosa, vivia quietinha na sua casa.
Um dia, ela escutou uma batida na porta:
— Toc...toc...toc...
— Quem é?
— Sou eu a chuva.
— O que você quer?
— Quero entra na sua casa.
— Não, não vou ficar toda molhada
E a chuva foi se embora
No dia seguinte ele ouviu outra batida na porta:
— Chu... Chu... Chu...
— Quem é?
— Sou eu o vento.

— O que você quer?
— Quero entrar na sua casa.
— Não, não vou ficar toda despenteada.
E o vento foi se embora
No terceiro dia a margaridinha ouviu outra batida na porta:
Flap...flap...flap...
— Quem é?
— Sou eu o sol.
— O que você quer?
— Quero entrar na sua casa
— Não, não senhor sol vou ficar toda queimada.
E o sol foi se embora
No último dia a margaridinha ouviu uma barulhada na porta.
O sol, o vento e a chuva vieram buscar a margaridinha.
A chuva pegou na sua mão direita e o sol na sua mão esquerda e o vento soprara de Mansinho
Quando ela acordou estava no país das maravilhas cheios de crianças passaros e flores

E.E.P.G. Cq. "Dr. Antonio Carlos Couto de Barros
Sousas, 22 de Abril de 1982
3ª série A — idade: 10 anos.
nome: Renata Alves de Paula

Avaliação Bimestral
Língua Portuguesa

Texto

O fantasma

Numa noite muito escura, numa sexta-feira, apareceu o fantasma!
Estava coberto com um lençol muito branco, com dois buracos nos olhos.
Era assustador e saltou sobre os ombros do papai e da mamãe que acabavam de chegar do cinema. Ele fez:
— Buuuu!!
Papai e mamãe não se assustaram muito e papai pegou o fantasminha no colo perguntando-lhe:
— Menino maluquinho, você não tem medo do escuro?
E o menino respondeu:
— Claro que não! O fantasma sou eu!

Interpretação do Texto

1) Quem apareceu numa noite escura deserta?
R) Numa noite muito escura apareceu um fantasma

2) Como estava vestido?
R) Estava coberto com um lençol muito branco

3) Que fez ao papai e à mamãe?
R) Saltou sobre os ombros do papai e da mamãe.

4) De onde o papai e a mamãe voltaram?
R) O papai e a mamãe voltaram do cinema.

5) O que o papai perguntou ao menino?
R) — Menino maluquinho, você não tem medo do escuro.

6) Quem era o fantasma e o que o menino respondeu? O fantasma era o menino e ele respondeu:
R) — Claro que não! O fantasma sou eu!

Exercícios

1) Observe o diálogo abaixo entre dois meninos.

(José, ontem você foi passear?)
(Fui sim, João)
(Aonde você foi?)
(Eu fui ao cinema com meus pais.)

Copie os diálogos dos balões seguindo a ordem da conversa (não se esqueço do travessão)

— José, ontem você foi passear?
— Fui sim, João
— Aonde você foi?
— Eu fui ao cinema com meus pais.

2) Coloque no primeiro balão uma pergunta e no segundo uma resposta

(balão 1): Quer chupar este sorvete comigo?
(balão 2): Não posso meus dentes estão inflamados.

Muito Bom!

Invente um diálogo entre criança pelo telefone

— Alô! Quem fala?
— Aqui é a Clarice.
— Oi Clarice, aqui é a Renata.
— Você quer ir ao meu aniversário?
— Quero sim
— Que hora que vai ser?
— As cinco horas.
— Ah! tá, obrigada pelo convite.

Parabéns!!

5. Coloque a pontuação necessária:

a) O menino disse:
b) — Você foi ao cinema?
c) — Fui sim.
d) — O filme foi bom?
e) — Que filme lindo, você nem imagina!

Bom!

Veja como você melhorou

Reprodução

O cavalo ~~que não podia andar~~

Na Fazenda Santana havia um cavalinho muito branquinho que um homem comprou.
Ele se chamava Douradinho.
Um dia ele falou:
— Doradinho, vamo na cidade vendê mercadoria?
Arreou o cavalo na carroça e se encaminhou para a cidade dizendo lhe:
— Vamo, ocê tem que andá mais depressa, Doradinho.
O que tá acontecendo?
Ele percebeu que o cavalo não podia andar.
No dia seguinte ele levou para o veterinário e o veterinário disse:
— Este cavalo está com problema na pata, é preciso enfaixá-lo e deixá-lo repousar 3 dias.
Depois de três dias ele estava forte como um leão e ele correu como um carro.

Ótimo!

"que coisa linda!"

E.E.P.G. Agr "Dr. Antonio Carlos Couto de
Barros"
Sousas, 22 de Abril de 1982
3ª série A idade: 10 anos Eliane Aparecida R.P.
Avaliação Bimestral
Língua Portuguesa

    Reprodução

    O cavalo que não podia correr

  Seu Joaquim comprou um
cavalo na Fazenda Santana.
  Ele se chamava Douradinho, era
branquinho como papel e sua crina
era linda porque ela era dourada e
o rabo era espalhado.
  Um dia, Seu Joaquim lhe disse:
  — Douradinho vamos vender
fruta na cidade.
  Arreou o cavalo na carroça
e no caminho ele disse ao cavalo
  — Vamo, vamo Douradinho
Por que ocê não corre?
O que tá acontecendo?
  O seu dono percebeu que ele
não estava bem, no dia seguinte
ele levou Douradinho no veterinário
e o veterinário disse:
  — Este cavalo precisa ficar com a
perna enfaixada por 3 dias
do curral. Depois de 3 dias ele até escapou

COMPOSIÇÕES

O Passeio maravilhoso
Almiro Ferreira dos Santos — Que beleza!

    Numa bela tarde de sol seu Rodrigo resolveu telefonar dizendo:
— Hoje vou aí e vou visitar meu irmão.
    Chegando lá, tio Rodrigo viu os três tristes e ele quis alegrar.
— Quem quer passear? Enquere disseram.
— Ola, Ola e Ola
    Tio Rodrigo pôs as crianças no carro e dirigiu-se ao circo.
    Chegando-lá desceram e foram ver os elefantes, palhaços, bailarina mágico, foca e malabarismo.
    Depois, se acomodaram de novo, agora foram ao zoológico e viram: cobras, jacarés e o urso e queriam ver o filhote do urso e disseram:
— Titio, vamos ver o filhote do urso?
— Vamos embora, o passeio acabou!
    E o tio levou-os embora

curso: 3ª série do 1º?
série: A
Nome: André
idade: 9

continuar a estória:

O pardal

André Carlos Rinaldi

Certa manhã de inverno, Paulinho encontrou um filhotinho de pardal, quase morto em baixo de uma árvore.
Pegou o filhotinho e pôs dentro da camisa e o filhotinho estava quase quentinho porque o passarinho estava dentro da blusa do Paulinho.
Ele explicou para a sua mãe:
— Eu achei ele em baixo de uma árvore.
Sua mãe falou:
— Eu vou ajudar você a tratar do pobrezinho.
O filhotinho de pardal estava muito grande e pra o Paulinho pensou:
— Vou soltar o pardal, é melhor ele ir embora, é para... — ele ia com a sua mãe.
Põe no chão e ele foi embora. Paulinho ficou muito triste, mas, era melhor para ele.

Estrai[?] [...]
Nome: [...]
Data:
[...] série A

Bom

Avaliação
Continuar a estória.

Numa linda manhã primaveril, Paulinho resolveu ir até a fazenda pescar.

Lá ele e o mano Paulinho não estava com sorte e seu Pai pegou um peixe muito grande e assim veio um compadre. O compadre perguntou:
— Pegou peixe?
Paulinho respondeu:
— Nós pegamos só cinco mas bem grande. Mas só no pé.
— Pai está brincando disse Paulinho. Vou pescar. O menino pescou e catou uma história de cinco quilo fizeram uma fogueira e fritaram os peixes. Paulinho falou:
— Está muito gostoso.
Depois da refeição eles foram ver os cavalos, burros, porcos, vacas e galinhas.
Depois começou a noitecer e eles foram embora. Paulinho ficou com dor de barriga porque comeu um peixe com os olhos.
Chegando em sua casa ele foi no médico o médico falou:
— Você está combebre vai ter que tomar três injeções de 3 doses e uma vai ser agora. Você comeu um peixe com os olhos.
— Você vem amanhã. — Não dá mais. Na água comer peixe com os olhos. Você ficara com dor de barriga outra vez, tá bom?

A pescaria

André Carlos Renardi

— Venha em casa para nós irmos pescar.
 Eu sei aonde tem bastante peixe tem sará, tuvira, pacú, traíra e pintado etc.
 Foi assim que nós resolvemos ir pescar.
— Vamos rancar minhoca? disse para minha prima.
— Vamos!
 Nós rancamos minhocas e vamos pescar na Itibaia! Chegando lá, e depois fomos por minhoca no anzol e iscar no rio.
 E de logo eu catei um peixe. Era uma carpa e minha prima catou um cará. Nós estamos ainda pescando e estava escurecendo. Nós guardamos os peixes e famos para casa. Quero logo ir pescar outra vez.

(catei um peixe) — (catei um cará, prima)

O casamento de Zeca com Mariana
Eliane

Seu Zeca que ia casar resolveu comprar um sapato novo.
Ele ficou na vitrine de uma loja de sapato esperando a loja abrir. Ele esteve fumando seu picadão, com o chapéu de palha e uma calça pula brejo.
A loja abriu e ele entrou e comprou um sapato bem bonito de couro de boi.
Ele saiu com seu sapato todo desengestado, andava todo chique pela cidade mostrando sua beleza. Ele foi para casa se trocar para o casamento.
Ele foi andando olhando para o céu. De repente tropeçou numa pedra.
— Ai! ui!! Gritou com desespero.
— Justo hoje que vô casá com Mariana acontece isso. Que pedra mardita!!

As piranhas

Elianes José Barbosa

Um dia José foi na casa de Junior e disse:
— Junior vamos pescar?
— Aonde José?
— Lá no baqui!
— Só se for escondido, é proibido pescar lá.
— Está bem.

Foram muito alegres com a tarrafa e José levava uma faca.
Chegando lá, eles jogaram a tarrafa e na primeira tentativa pegaram muitas piabas, das maiores.
Jogaram de novo e pegaram uns peixes esquisitos. José pegou um deles na mão e eram piranhas.
— Eles ainda não babiam.
José começou a brincar com um deles. De repente ele deu-lhe uma mordida brabada.
Ele gritou: Ai! Ai! Junior disse:
— Cuidado José! Ele caiu no rio.
E não desistia, começou a nadar mas tinha muitas piranhas atrás dele.
Junior falou:
— Pegue a faca e vá em frente!
Foi o que ele fez, começou matar muitas, até que ele conseguiu sair muito machucado. Foram embora e levaram uma pisa de nunca mais ir pescar.

nome marcelo Antonio cesar

Bom!

— Composição - O acontecimento

A Carla, no domingo levou uma picada de escorpião e teve que ir ao farmacêutico para tomar uma injeção.

Dona Íris tão amedrontada que abraçou sua filha e o farmacêutico aplicou a injeção para cortar o veneno.

No dia seguinte Carla já tinha sarado e teve uma idéia para aplicar uma injeção no negrão.

O negrão tão sabido que viu a Carla com uma seringa na mão para aplicar injeção nele e o negrão deu no pé.

Sousas, 7 de Junho de 1982
Nome: Marcelo Antonio Cezarini
idade: 12 anos
série A

Pimpim e Zazá são dois lindos peixinhos.

Os dois vivem no fundo do mar, eles se conheceram atrás de uma linda alga marinha.

Eles casaram e passaram a lua de mel de baixo de uma gruta.

Depois o Pimpim de ter passado a lua de mel a Zazá estava esperando um filho.

O Pimpim tão admirado que ouviu um choro de um bebê e foi correndo para a gruta ver os dois filhos gêmeos.

Os dois filhos eram tão bonitinho que levou a floresta para conhecer os peixinhos e quando estavam no caminho viram o barco de pesca. Correram para a gruta. Fiquem ai e o Pimpim e Zazá foram lá. Zazá tão esperta que conseguiu tirar a isca do anzol e levou para os dois gêmeos. Pimpim ficou tão admirado de ter visto aquilo!

nome: Marcelo Antonio Cezarini
idade: 12 anos
3ª série: A

Ouvindo a estória "A Gravata" imagine outros fatos que poderiam acontecer nesta mesma estória.

Bom!

A Gravata

Num domingo, Carlinhos levantou da cama e correu para o quarto de seu pai. Chegando lá Carlinhos bateu na porta e ninguém atendia e ele abriu a porta do quarto entrando de vagarinho viu a gravata pendurada nas costas da cadeira.

Carlinhos colocou envolta do pescoço ele foi ver no espelho e a gravata passava da cintura.

Ele abriu a janela e viu o jardineiro cortando a grama com um tesourão. Carlinhos pediu emprestado o tesourão foi no espelho e cortou a gravata pelo o meio.

O pai de Carlinhos chegou do trabalho entrou

no quarto e viu a gravata
cortada pelo meio.
   Carlinhos viu o pai
dele descendo a escada
e o pai perguntou:
— Foi você que cortou
a gravata?
— Sim, fui eu que cortei
a gravata porque eu
também queria uma
gravata para mim. Me
desculpe papai.

A tartaruga esperta
Maurício Kashiwa

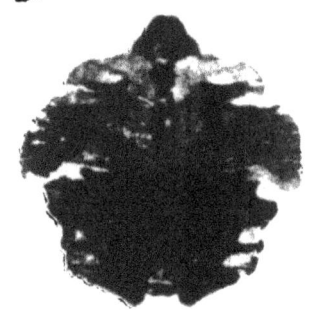

Num sábado chuvoso a noite na casa de
Luciana, entrou bem de mansinho um filhote de tartaruga
Então a irmã mais nova disse:
— Papa, papa, olha um filhote de tartaruga.
O pai de Vânia disse:
— Cadê o filhote de tartaruga minha filha?
Vânia mostrou onde estava o filhote de
tartaruga e deu ao seu pai.
O pai de Vânia disse:
— Coitado ele está muito machucado, vamos
fazer curativos nele.
O pai de Luciana cuidou dele até sarar.
Quando a tartaruga cresceu o pai de Vânia
soltou no rio perto das tartarugas.

A TARTARUGA ESPERTA

Tartaruga
Cascão
Lisinha

A Pescaria

Mauricio Kashinaa

André e Maurício foram pescar no rio Atibaia.
Chegando lá arrumaram todas as coisas para a pescaria.
Jogaram suas iscas no mar, não demorou muito que começaram a pegar vários peixes: lambari, bagre e um peixe cachorro. André começou a reclamar que a minhoca estava acabando e Maurício disse:

— Calma André, na minha latinha há bastante minhocas

E André disse:

— Ainda bem que você tem bastante minhoca.

E assim pegaram bastante peixes e foram muito tarde embora contentes para comer peixe no jantar.

Avaliação
Passeio a cavalo

Vanderleia dos Santos

Numa linda manhã primaveril, Paulinho resolveu ir até a fazenda do tio Jose.
E também levar sua família.
Eles iam fazer um pique-nique.
Depois arrumaram a lancha e foram.
Seu José estava muito alegre, e seu filho também.
Chegando lá Paulinho e sua família foram até a casa de seu tio, e ficaram lá uma hora.
Depois do pique-nique eles retornaram a casa do tio de Paulinho.
Chegando lá Paulinho falou:
— Titio, o senhor empresta três cavalos para nós?
— Sim, mas eu vou também.
Eles arrumaram os cavalos e foram.
Paulinho novamente falou antes de sair:
— Vamos levar o gado para pastar?
— Vamos sim, vai ser muito legal.
Depois de soltar o gado todos eles pastavam em frente.
Foram num lugar que ele sempre queria conhecer, e nunca foi tão gostoso como aquele.
Depois Paulinho falou:
— Hoje foi o dia mais gostoso de toda a minha vida.
— Outro dia nós vamos de novo.

nome: Vanderlei Ap. da Silva.
idade: 8 anos
2ª série A

Ouvindo a estória "A Gravata", imagine outros
fatos que poderiam ocorrer nesta mesma
estória.

A GRAVATA   Bom

Ontem Carlinhos encontrou uma gravata
de seu pai na costa de uma cadeira.
Colocou-a para ver o efeito.
Depois procurou o espelho para ver.
Mas ele achou que ficou feio, porque a
gravata ficava abaixo do joelho.
Ele viu o jardineiro cortando a grama
com o tesourão.
E foi lá emprestar a tesoura. E falou:
— Seu João, o senhor empresta a tesoura?
— Para que, Carlinhos?
— É para cortar a grama que está vindo
pela escada.
— Está bem.
Carlinhos foi na gravata e cortou a
gravata pelo meio.
Depois devolveu a tesoura.
Seu pai ficou muito bravo, mas
achou que ele era pequeno de mais,
e ele só tem 5 anos.
Nunca mais Carlinhos fez isso.
Carlinhos mas guardou a gravata, porque
seu pai tem mais três gravatas, e
aquela já está velha de mais.
Carlinhos gostou do presente e disse
que nunca mais iria fazer coisas más

Vanderlei

medonho   moto   acordar

morcego   enterrar

pesadelo

louça   xícara

colher   panela   chorar

tombo   copo   prato   faca

comida   carne

sonho   garfo   pular

machucado   perna   cair

sangue   coice

comer   corredor

cavalo   atleta   cama

susto   levantar

Festa junina

Vandeléia Cipriano da Silva

Dona Claudina nos falou que estava chegando a festa junina.
Ela disse assim:
— Está chegando o dia da festa junina, e eu quero que vocês tragam prendas.
— Está bem, nós vamos trazer muitas.
José falou para sua mãe, e ela disse que ia lhe dar muitas coisas como:
pratos, xícaras, enfim muitas louças.
Ele estava lavando e fez um grande corte com uma faca.
Ele foi para o médico e o médico fez um curativo na mão dele.
Depois ele teve que ficar de cama uma semana.
Após uma semana ele voltou no médico para tirar os pontos.
Ele chorou muito mas teve que aguentar.
O médico disse que ele não podia comer carne de porco.
Depois ele foi dormir e no dia seguinte ele foi para a escola.
E levou as prendas.
A professora gostou muito, mas também sentiu muito pelo que aconteceu com o José, e seus colegas também.

A pescaria

Vanderlei Ap. da Silva

Num domingo ensolarado eu pensei em pescar.
Então falei
— Vou chamar o José, Henrique, Joél e o Ariston para fazer uma pescaria.
Então eu vou chamá-los.
Chegando na casa do Joél, bati palmas e esperei.
A mãe dele falou:
— O que você quer?
— Eu quero falar com o Joél.
— Já vou chamá-lo.
— José vamos pescar?
— Sim vou pegar umas varas.
Pronto já estamos todos aqui.
— Vamos lá na fazenda do seu Manuel?
— Sim, vamos lá.
Chegando lá, iscamos nossos anzóis e fomos para a beira do rio.
Na primeira tentativa José pegou um bagre.
Henrique pegou duas tilápias e Joél e Ariston pegaram quatro lambaris.
No final da pescaria eles pararam:
Eu quatro Bagre duas piabas seis lambaris e três tilápias.
Ficaram satisfeitos com toda a pescaria que pegaram.
Voltando para casa, eles dividimos peixes.
A mãe de Joél falou: — Você se divertiu muito?
— Sim mamãe eu me diverti a valer.

O Presente de Henrique
Clarice Moreira da Silva

Parabéns!   Muito Bom

Era época de Natal. Um menino chamado Henrique e seu pai Antônio queriam dar uma surpresa para o menino.

Logo depois Antônio levou o seu filho para escolher um presente. Henrique escolheu uma linda bicicleta Monark.

Henrique ficou experimentando a bicicleta e o menino queria aquilo mesmo.

O seu pai pagou o dono da loja.

No caminho seu Antônio parou para conversar com seu amigo. Enquanto isso o menino resolveu andar com sua bicicleta no centro da cidade.

Chegando lá na sua casa Henrique foi tomar banho depois jantou.

Ele foi assistir televisão e viu um moço saltando a rampa.

Henrique teve uma ideia:

— Amanhã, vou fazer uma rampa para mim.

No dia seguinte o menino foi fazer a rampa.

O menino saltando virou cambalhota para cima com sua bicicleta.

Henrique ficou infeliz com sua blusa rasgada, seu shorts joelho raspado e o pior, perdeu a bicicleta!

E nunca mais o menino fez aquilo.

A idéia desastrosa
                                          Chice

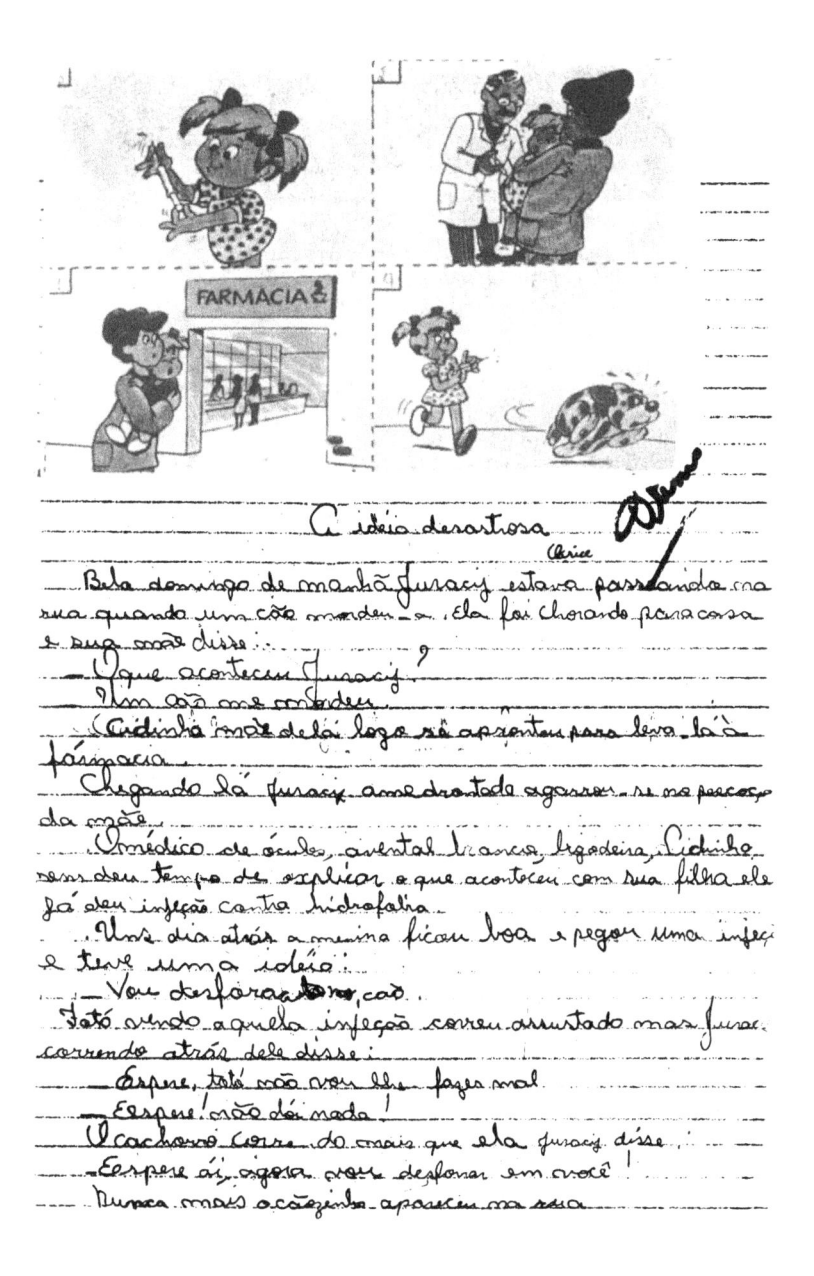

    Belo domingo de manhã Juracy estava passeando na
sua quando um cão mordeu-a. Ela foi chorando para casa
e sua mãe disse:
    — O que aconteceu Juracy?
    — Um cão me mordeu.
    Cidinha mãe dela logo se aprontou para levá-la à
farmácia.
    Chegando lá Juracy amedrontada agarrou-se no pescoço
da mãe.
    O médico de óculos, avental branco, brigadeira, Cidinha
nem deu tempo de explicar o que aconteceu com sua filha ele
já deu injeção contra hidrofobia.
    Uns dia atrás a menina ficou boa e pegou uma ideia
e teve uma idéia:
    — Vou desfarar o cão.
    Totó vendo aquela injeção correu assustado mas Juracy
correndo atrás dele disse:
    — Espere, totó não vou lhe fazer mal.
    — Espere! não dói nada!
    O cachorro corre do mais que ela Juracy disse.
    — Espere aí, agora vou desforar em você!
    — Nunca mais o cãozinho apareceu na sua

foguete   pião

morcego   água

Borboleta

Ave   pião   chapéu

nome: Clauce Moreno da Silva

O pião   Ótimo

Autora: Clarice M. da Silva

Um belo domingo de manhã Aninha, de três anos chamou sua mãe Maria e disse:
— Mamãe eu quelo meu blinquedo.
Sua mãe respondeu:
— Que brinquedo minha filha?
Aninha falou:
— Meu pião mamãe.
Aquele pião está guardado minha filha, não pode mexer naquele pião, está novinho.
Aninha começou a chorar, gritar falando:
— Eu quelo meu pião eu quelo meu pião
Sua mãe não aguentou aquela gritaria e disse:
— Para Aninha eu vou lhe dar mas se você sujar eu bato tanto em você!
Aninha muito contente disse:
— Pode deixar mamãe eu cuido do pião
Aninha saiu de sua casa 1 e meia da tarde para brincar com o pião.
Na rua Aninha resolveu brincar na areia com o pião.
Algumas horas chegou sua colega Marta e disse:
— Aninha, você sozinha na rua?
Aninha respondeu:
— Minha mãe descu eu brinca. Marta falou:

— Então vamos brincar nós duas tá Aninha?
Aninha contente muito feliz brincou a vontade com sua colega.
O pião estava todo sujo, sua mãe disse:
— Mais Aninha que você fez com o pião que tá tão sujo?
Aninha com medo de sua mãe disse:
— Desculpa mamãe é que eu e minha colega tava brincando na areia e eu esqueci que não era para sujar o pião.
— Sua mãe ficou com dó de sua filhinha e disse:
— Desculpe minha filhinha eu falei que ia bater em você mais você é muito pequenina para entender as coisas

Souzar, 09 de junho de 1982
Nome Eliane Aparecida R P
idade 11 anos
Série A

Avaliação
Continuar a estória

O pique nique

Eliane Aparecida

Numa linda manhã primaveril Paulinho resolveu ir até a fazenda Santana, fazer um belo pique nique. Enquanto seu pai e sua mãe ficaram arrumando a barraca para descançar,
Os dois irmãos estavam passeando quando viram um caipira que perguntou:
— Aonde que oceis mora?
E as crianças responderam:
— Nós moramos na cidade.
As crianças e o velho caipira que se chamava José foram dar um passeio pelo campo fazendo cada vez mais amizade. E depois, eles levaram o seu José para conhecer os seus pais.
O caipira fazendo amizade com eles quis almoçar com a família de Paulinho e disse:
— Acho qui vô armuçá coceis. Tô cum fome.
E assim fez.

A Gravata

Iane C. p. R. Paulino

Um dia, depois que o pai de Carlinhos saiu para trabalhar, o menino sapeca entrou no quarto de seu pai e viu uma gravata nas costas de uma cadeira.

Vendo aquilo o menino teve uma idéia e disse:

— Vou colocar esta gravata para ver como fica!

O menino colocou a gravata e procurou um espelho para ver como ficara.

Carlinhos se assustou quando olhou no espelho porque a gravata passava da cintura, ele olhou na janela e falou assustado:

— Vou pedir aquele tesourão ao jardineiro e cortar um pedaço da gravata.

E assim fez pediu o tesourão ao jardineiro e cortou a gravata.

Mas quando seu pai chegou colocou o menino de castigo dizendo:

— Você vai ficar de castigo sem assistir televisão.

O menino arrependido pediu desculpa ao seu pai:

— Desculpe-me papai nunca mais vou fazer isso.

— Sim, mas se você aprontar mais alguma arte vou colocar de castigo de novo.

Eliane

O gigante
Eliane Aparecida R.P.

Uma vez, havia um gigante que tinha o pé muito grande. Esse gigante tinha uma fazenda. Nessa fazenda, havia muitos animais. Ele transportava esses animais em um caminhão tão grande que era assustador.

Esse gigante tinha um pequeno filho que gostava de brinquedos. Certo dia ele foi brincar com um filhote de uma cachorra, e que deu-lhe uma mordida em sua mão e ele começou a chorar. O susto foi tão grande que nunca mais ele foi brincar com um cachorro. O pequeno garotinho só brincava com bola, carrinho, boneca e velotrol.

E seu pai, comprava cada vez mais brinquedos para o garoto.

---

carrinho
pequeno   grande
nenê   caminhão
velotrol   filhote   chorar
gigante   brinquedos   forte
bola   boneca
     animal   cachorro

borboleta   pássaro
bicho desconhecido
gavião   morcego

pato voando   flor leque

A borboleta desconhecida

nome: Eliane Ciparcada Rigatto Paulino

A borboleta desconhecida

Ótimo

Eliane Aparecida R P

Um belo dia de primavera, apareceu uma estranha borboleta mas, ela era uma linda borboleta.

Paulo e Ana os dois irmãos gêmeos, foram até a mata para caçar borboleta, quando viram aquela linda e desconhecida borboleta e Paulo disse a Ana:

— Ana vamos caçá-la?

Ela respondeu:

— Sim vamos, mamãe vai ficar muito contente.

E começaram a caçada: Paulo foi para um lado e Ana para outro mas a borboleta era mais esperta que Paulo e Ana. Ela sentou numa árvore bem alta e ficou lá até eles irem embora.

As duas crianças ficaram muito cansadas com a caçada da borboleta.

A verdade era esta, a borboleta desconhecida morava ali só que era uma criança que tinha quatro anos.

Ela era bonita pra valer. Passando pouco tempo ela cresceu e casou e teve três filhinhos que também se transformaram em borboletas desconhecidas.

Henrique, o comilão de peixe

Eliane Aparecida Rigatto Paulino

Cheguei da escola e fui para o quarto, troquei de roupa e almocei.
Mamãe me disse:
— Não está cansada hoje filha?
Eu respondi:
— Hoje eu estou contente fui boa na prova e agora vou pescar com o meu colega
Ela respondeu
— Vá, mas não volte tarde
Eu disse
— Sim, mamãe.
Eu passei na casa do meu colega e disse:
— Vamos Henrique já estamos atrasados para a pescaria.
Henrique pegou suas iscas e sua vara de pescar.
— Eu já aprontei as minhas coisas!
Chegando lá, eu isquei a vara e joguei no rio, logo na primeira tentativa eu peguei uma tilápia e disse:
Hoje estou com sorte Henrique!
Ele disse:
— É bom que nós pegamos muito que assim eu como bastante.
Eu respondi
— Sim é mesmo! Você tem razão, é um comilão de peixe.

Ouvindo a estória "A Gravata" imagine
outros fatos que podiam acontecer nesta
mesma estória.

A Gravata.

Muito bem
Érica

Um dia, pai de Carlinhos foi trabalhar,
o menino muito sapeca entrou no quarto
do pai, e viu uma gravata na costa de uma
cadeira, ele teve uma idéia:
— Vou por esta gravata e ver como que
fico.
Ele pôs a gravata, ficou procurando
o espelho.
Carlinho achou o espelho, quando
ele olhou não gostou porque ficou muito
grande.
Ele olhou pra janela e viu o jardineiro com o tisorão, Carlinhos teve
uma idéia.
— Vou pedir o tisorão para o jardineiro.
Foi e pediu:
— Jardineiro, mamãe falou para
você emprestar o tisorão para ela.
— Está bem, mas fala para ela ir logo
— Eu falo sim!
Carlinho foi correndo para sua casa
e cortou a gravata.
Quando seu pai veio ele viu a gravata
cortada e pôs de castigo o Carlinhos.
Muito arrependido Carlinhos contou
que foi ele que cortou, seu pai perdoou.

A pescada.

Erica Adriana Isabella.

Sérgio e Hiltom eram grandes amigos. Um dia Hiltom falou para Sérgio:

— Vamos numa pescaria com meu pai?

Sérgio respondeu:

— Vamos sim! Quando?

— Neste domingo!

Chegou, eles foram.

Seu Miguel, pai de Hiltom, colocou a minhoca no anzol, Hiltom e Sérgio também colocou.

Seu Miguel pegou cinco bagres, quatro carás, três tambiús, duas piabas e duas tambaris.

Sérgio pegou cinco piabas, quatro tambaris e uma traíra. Hiltom pegou três carás, dois bagres.

E assim eles foram embora para suas casas muito contentes e muito felizes como qualquer pescador.

Nome: Evand Ereira
idade 9 anos
3ª série A — Dona Eglê

Ouvindo a estória "A gravata" imagine outros fatos que poderiam acontecer nesta mesma estória.

A gravata

Num sábado cedo, Carlinhos foi até o quarto de seu pai.
Vendo que seu pai saiu, entrou no quarto e viu uma gravata nas costas de uma cadeira.
Carlinhos pegou e colocou envolta de seu pescoço e procurou um espelho para ver como que estava.
O menino achou feio, porque ficava pra baixo do joelho.
Olhou pela janela, um jardineiro, foi até o jardim e pediu:
— Empreste-me um pouco o tesourão?
— Pra quê?
O menino falou
— Para cortar uma rosa.
— Tome, mas traga logo, o jardineiro disse.
Carlinhos foi correndo e cortou a gravata.
Devolveu o tesourão para jardineiro e foi para casa.

Chegando lá seu pai estava zangado com a mãe de Carlinho e disse para mãe de Carlinhos:

— Onde está minha gravata?
— Onde está?

Carlinhos amedrontado disse:

— Foi eu papai, foi eu.

O pai de Carlinhos disse:

— E onde está minha gravata?

O menino disse:

— Eu cortei-a.

Vagner, pai de Carlinhos, deu umas palmadas e Carlinhos tomou juízo.

Sousa, 07 de Junho de 1982
nome: Jovelina Barbosa de Jesus
idade: 10 anos
série: 3ª A

A tristeza de Zazá

Ótima

Jovelina Barbosa de Jesus

Pimpim e Zazá são dois lindos peixinhos. Eles casaram num sábado ensolarado. Passado um tempo Zazá teve um filhinho deu-lhe o nome de Frê e o outro de Frac.

Depois que veio os dois peixinhos Zazá e Pimpim faziam de tudo para agradá-los.

Mas um dia Pimpim estava pra sair de casa então falou:

— Zazá, Não deixe as crianças para fora.

— Está bem Pimpim.

Quando Zazá olha pela janela vê uma vara de pescar e logo entra.

Mas Frê saiu para fora e quando viu logo veio a vontade de comer a minhoca e comeu, lá se foi um peixinho!

Zazá ficou doente porque seu filho havia morrido.

E assim Zazá ficou muito triste pela morte de seu filho e porque seu Pimpim não voltou mais.

Nome: Jovelina Barbosa de Jesus
idade: 10 anos
2º série A

Ouvindo a estória "A gravata" imagine outros fatos que poderiam acontecer nesta mesma estória.

A Gravata

Bom!!

Ontem papai chegou e foi se deitar. Carlinhos viu sua gravata no quarto e pegou.
Pôs a gravata de seu pai, ela ficou até os joelhos e depois foi até a janela de seu quarto, chamou o jardineiro e disse:
— Seu José, o senhor empresta um pouco o tesourão?
— Sim, eu posso emprestar mas tome cuidado.
Foi até o quarto e cortou a gravata.
Quando seu pai viu ficou muito zangado com Carlinhos e lhe xingou e quase bateu nele só não bateu porque a mãe de Carlinhos não deixou.
E agora só ficava xingando porque a gravata era para ele ir em uma reunião.
Teve que comprar outra e custava mais de mil cruzeiros.
Então desse dia em diante Carlinhos ficou triste e queria contar e explicar mas seu pai nem se quer escutava.
Carlinhos ficou de castigo do dia vinte de março até o dia quinze de novembro. Só saía pra ir no pré primário.

vaso-
xícara

leque da vovó

borboleta

flor

Jovelina

Bom / O leque da vovó

Joselina Barbosa de Jesus

Numa sexta feira, Mamãe saiu para comprar umas coisas.

Ao passar por uma loja, viu uma porção de gente perto.

Ela estava loca para ir ver mas não foi.

Na volta não tinha muita gente então parou.

Era liquidação, então como domingo era dia das vovós, ela comprou um leque para Andréia dar a sua vovózinha.

Ao amanhecer domingo eles foram para São Paulo.

Chegando lá logo se abraçaram depois estava todos os netos de vovó e na hora do almoço Andréia deu seu presente e falou:

— Vovó, eu trouxe este presente de Campinas.

— Olha! Que lindo leque vermelho!

Vovó adorou muito o leque, era só ter calor ela já se abanava com ele.

E deste dia em diante vovó a passou ficar com o leque de lá pra cá.

A filha mais nova de vovó saiu num carnaval com o leque dela.

Mas vovó nem se quer deixou a Alexandra sair com o leque.

A insistência de Silvana

joelma 8 de pesca

Num domingo, logo de manhãzinha, a família de Silvana foi pescar.
Mas Silvana não sabia pescar e queria ir.
Sua Mãe, dona Rita não queria deixar porque ela sabia que era perigoso.
Seu pai disse:
— Rita, se a menina quer pescar, deixe-a.
Então Dona Rita deixou.
A Silvana colocou a minhoca no anzol e começou a esperar.
Demorou um pouco a menina pegou dois peixinhos de uma vez só.
De repente quando a menina foi subir caiu no rio e gritou:
— Socorro, socorro, mamãe, papai!
— Rita, eu escutei a voz da Silvana.
— Imagina, meu bem!
— Então eu me enganei...
Mas o pai de Silvana quando olhou a menina, já estava quase morrendo, boiando na água. Coitadinha!
Pegou-a e levou para o hospital, demorou um pouco veio a notícia que a menina não tinha morrido.
Quando ela viu sua mãe e seu pai correu abraçá-los.
Saíram e foram embora felizes da vida porque a Silvana não morreu.

continuar a estorinha.

A libertação do Pardal
Nilza Galionetta

Certa manhã de inverno, Carlinhos encontrou um filhotinho de pardal, quase morto embaixo de uma árvore.

Ele pegou o pardalzinho e levou-o para casa para poder tratar dele.

Rapidamente pegou um pano molhado e passou no periquito do pardalzinho.

Colocou na gaiola e falou para sua mãe pegar o pratinho e colocar um pouco de alpiste.

O pardalzinho já estava ficando bom.

Passando algum tempo o pardal ficou forte, bonito e gordo.

Carlinhos falou ao passarinho:
— Já está na hora de libertar você. Venha todas manhãs cantar para eu poder me levantar. Se eu não quiser me levantar bica, bica o meu pezinho para poder me levantar.

Todos os dias o pardal ia cantar para Carlinhos poder se levantar.

Quando Carlinhos não levantava o seu amigo ia lá e bicava o pezinho de Carlinhos para ele levantar.

nome: Nilza Galronetta
idade 10 anos
3 série A

Ouvindo a estória "A gravata
imagine outros fatos que poderiam acontecer
nesta mesma estória.

A gravata

Uma bela manhã, numa quinta-feira
ensolarada, o pai de Carlinho foi trabalhar
e esqueceu a gravata na costa de uma
cadeira.

Carlinho, viu e saiu correndo
atrás de seu pai para lhe dar a gravata mas
não deu tempo de entregar.

Então Carlinho pegou a gravata e
colocou nele mesmo.

Ele foi até o espelho e achou que
ele estava muito feio e foi até a vidraça
e viu um jardineiro e disse:

— Seu José o senhor pode emprestar
o tesourão?

Seu José disse ão menino:
— Para que você quer o tesourão?
E o menino respondeu:
— Para eu cortar o capim que
tá na frente de minha casa.
— Toma o tesourão mais traga
rápido.

Quando chegou no quarto ele
foi até o espelho e cortou a gravata no mão.

Quando seu Silas chegou ele foi ver a gravata mas não achou e falou a seu filho
— Onde está minha gravata, Carlinho?
— Eu cortei ela ao meio
— Onde você esta com a cabeça de cada, a minha gravata
E o menino responden chorando
— Papai me descurpe, eu não fiz por mal.
Sila ficou muito zangado com Carlinhos
E falou:
— Olha voce não tem culpa de nada, me desculpe, porque você é pequeno ainda

A pescaria em maracanã
Nilza

Henrique e Toni foram pescar com seus amigos em maracanã.
Chegando lá eles dois sentaram numa mata.
Toni quis dar uma de grandão caiu no rio, tchibum!
Toni saiu assustado.
Henrique falou:
— Bem feito, quem manda dar uma de grandão?
Os dois arrumaram a vara e colocaram minhocas, jogaram na água. Ficou um tempo sem pegar nada.
Depois de um pouco, Henrique puxou correndo a vara. Sabe que tinha pegado uma bela traíra?
Henrique falou:
— Olhe! Toni que bela traíra!
Toni ficou com inveja.
De repente, na vara de Toni também deu uma beliscada, Toni também puxou, era um lambari também bonito.
Tinha um amigo deles, chamado Jorge, que na vara pegou um um caranguejo. O coitado saiu pulando
Até quebrou a vara de susto, enquanto isso Henrique saiu pulando a beira do mato. Toni gritou:
— Aonde você vai?
— Eu estou com dor de barriga preciso falar?
Vamos embora, está na hora
Chegando na sua casa a mãe deles já estava preocupada. Depois ela viu os meninos e falou:
— Pegaram bastante peixe, Henrique?

Orgulho de Pimpim
Renata Alves de Paula

Pimpim e Jaza são dois lindos peixinhos. Eles viviam no fundo do mar, brincavam de esconde-esconde e se ocultavam numa gruta, e embaixo das areias.

Eles se conheceram numa alga marinha e Pimpim pediu a mão de Jaza em casamento ela ficou tão envergonhada que até deu um suspiro e disse:

— Ah! Fais dos amores que ninguém pede minha mão em casamento.

Mas Pimpim respondeu:

— Agora eu estou pedindo, a sua mão em casamento você aceita?

Jaza ficou meio sem jeito mas aceitou. Passou um ano ela teve uns filhinhos, um chamava Flip e a outra chama Lulá, eles viviam muito felizes.

Um dia, foram visitar seus pais, no caminho eles viram um tubarão com dentes enormes e uma calda assustadora. Pimpim mandou sua esposa e seus filhos esconder numa gruta para despistar o tubarão.

Todos estavam com medo mas assim mesmo ele enfrentou o tubarão. Todo mundo ficou muito orgulhoso de um marido que ama sua família.

nome: Renata Alves de Paula
idade: 10 anos
3ª série A

Ouvindo a estória "A gravata" imagine outros fatos que poderiam acontecer nesta mesma estória

A gravata **Bom!**

Ontem Carlinhos entrou no quarto de seus pais.
Viu uma gravata na costa da cadeira ele foi até lá e pegou e colocou-a.
Ele viu que era muito grande e disse:
— Acho que vou brincar com essa gravata.
— Ah! Mais é muito grande, acho que vou cortar.
Aí, o menino olhou para trás viu o seu Arlindo carpindo a grama.
Seu Arlindo enquanto foi pegar o boné porque o sol estava muito quente, Carlinhos devagarinho apanhou o tisourão e saiu correndo para cortar a gravata.
Cortando a gravata saiu correndo para colocar no lugar certo.
Com isso ele ficou aliviado
E depois foi brincar sem pensar em qualquer coisa.

Seu pai tinha uma reunião importate, procurando a gravata olhou lá fora viu Carlinhos com a gravata ele ficou tão nervoso, mais tão nervoso que até estorou e ele disse:

— Porque você você fez isso com minha gravata? O menino sem saber falou:

— Desculpe papai eu fiz uma coisa muito errada.

Seu pai angustiado disse:

— Vamos para cidade, comprarei outra gravata nova.

E assim sem briga e sem pegar coisas onde não é chamado vivem felizes para sempre.

fim

Sousas, 27 de maio de 1992

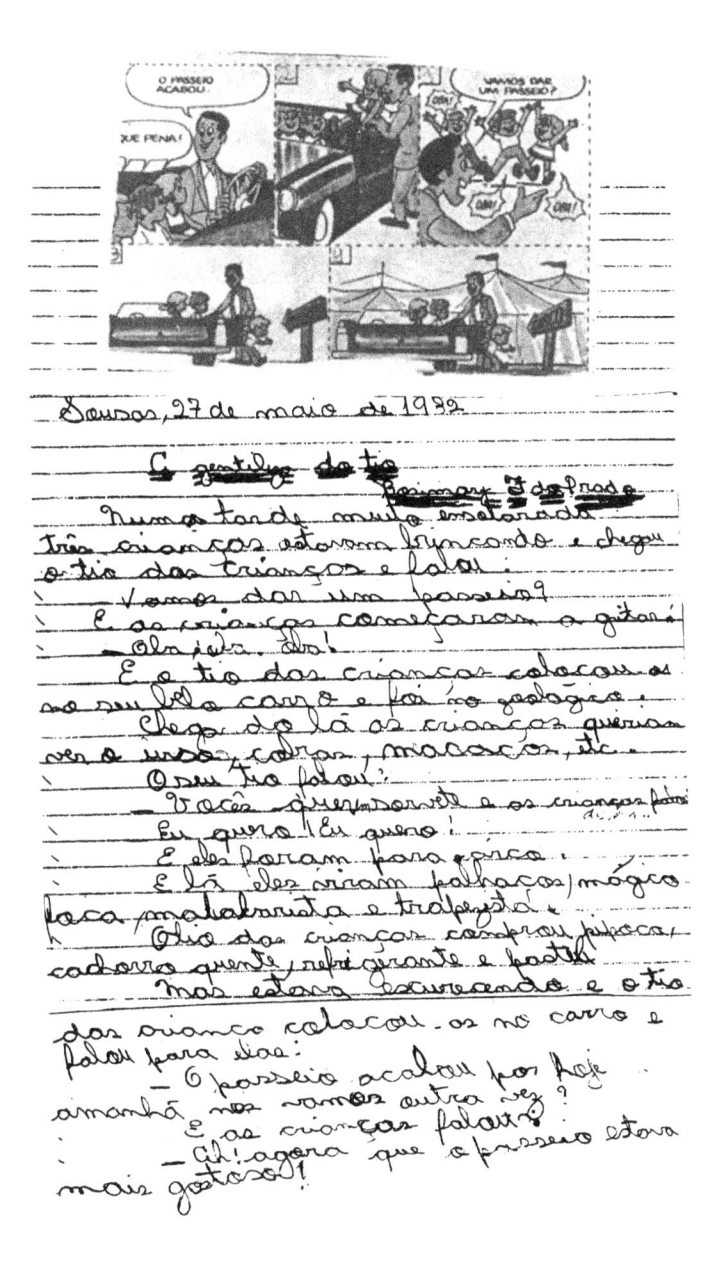

~~O gentilzo do tio~~
~~Sammay J do Prado~~

Numa tarde muito ensolarada três crianças estavam brincando e chegou o tio das crianças e falou:
— Vamos dar um passeio?
E as crianças começaram a gritar:
— Oba, iêba, iêa!
E o tio das crianças colocou-as no seu belo carro e foi no zoológico.
Chegou do lá as crianças queriam ver o urso, cobras, macacos, etc...
O seu tio falou:
— Vocês querem sorvete? e as crianças falou:
— Eu quero! Eu quero!
E eles foram para o circo.
E lá eles viram palhaços, mágico, faca, malabarista e trapezista.
O tio das crianças comprou pipoca, cachorro quente, refrigerante e pastel.
Mas estava escurecendo e o tio das crianças colocou-os no carro e falou para eles:
— O passeio acabou por hoje, amanhã nós vamos outra vez?
E as crianças falou:
— Ah! agora que o passeio estava mais gostoso!

Deusns, 03 de junho de 1992
3ª série A
nome Silvia Cp Pasquarelli
idade 9 anos

Continuar a estorinha (fim)
A gentileza do
menino
                    Silvia Cp Pasquarelli

Certa manhã de inverno, Carlinhos encontrou um filhotinho de pardal, quase morto embaixo de uma árvore.
Carlinho pegou-o e levou-o para casa.
Carlinho pensou:
— Será que mamãe vai deixar você ficar em casa?
— Piu, piu, piu, piu
— Acho que ele esta com fome fique aqui senão mamãe pode te ver.
E assim o Carlinho foi arrumar um pouco de alpiste.
E assim o menino cuidou muito de seu passarinho.
?eu passarinho ficou forte e muito gordo.
No dia seguinte Carlinho achou ?orq soltar ele mas ele falou:
— Não se esqueça volte sempre para me ?itar
E assim o passarinho viveu livre sempre

Sousas, 07 de junho de 1982
nome: Silvia Aparecida Pasquanelli
idade: 9 anos
3º série: A
Dona Eglê

A inteligência de Pimpim
Silvia Ap Pasquanelli

  Pimpim e Jazá são dois lindos peixinhos.
  Numa noite muito escura Pimpim estava passeando com uma idéia de arrumar uma namorada.
  Ta indo de repente viu uma peixinha em perigo uma baleia queria comer, Pimpim perguntou:
  — Como você se chama?
  — Eu me chamo Jazá gritou
  Socorro, socorro salve-me.
  Quando Pimpim correu em sua ajuda apareceu um polvo enorme com suas garras, também estava morto de fome.
  Pimpim mandou Jazá se esconder atrás de uma pedra e assim Pimpim despistou a baleia e o polvo.
  E assim Jazá e Pimpim casaram e tiveram muitos filhos.

A vergonha de Luciano

Silvia Ap Pasquanelli

Numa manhã de domingo Guilherme e seus irmãos foram pescar.

Os irmãos de Guilherme achavam que ele não ia pescar nada.

Seu irmão Marcos falou

— Guilherme sai da beira do rio, você sabe muito bem que você só tem 5 anos!

Assim que Marcos falou, Guilherme pegou um peixe.

Seu irmão Henrique quis dizer mas não conseguiu porque ele que tinha 11 anos ainda não tinha conseguido nada.

Seu irmão Luciano ficou envergonhado e não quis mais pescar.

Guilherme falou:

— Luciano, porque você não quer pescar?

— Eu não quero pescar porque eu estou cansado.

— Aaaaa! não minta seu bobo eu sei que você não quer vim pescar porque você não pega peixe!

Assim Guilherme continuou a pescar.

Marcos pegou um mandi.

Henrique falou:

— Marcos, você vai levar para casa este mandi seu bobo, mandi não presta para comer.

Guilherme pegou 5 peixes e com aquele 1 que ele tinha ficou 6.

Marcos pegou 3 peixes

Henrique pegou 4 e Luciano nem um porque ele não quis sair do lugar.

Bateu 4 horas foram embora para casa, ficaram com 13 peixes!

Logo voltarão a pescaria

Sousas, 03 de Junho de 1982.
3ª série: A
nome: Simone Paz de melo
idade: 9 anos

continuar a estória (Fim)
O pobre pardal

SIMONE Paz de melo

Certa manhã de inverno, Carlinhos encontrou um filhotinho de pardal, quase morto embaixo de uma árvore.

Levou-o em sua casa para cuidar muito bem dele.

Horas depois sua mãe perguntou:
— Filhinho, porque você trouxe este filhotinho de pardal?

Carlinhos respondeu:
— Mamãe, é para cuidar dele, deixe-o ficar, mamãe!

Ela não resistiu deixou ficar.

Mamãe ajudou o, porque o pobrezinho estava com muito frio embaixo de uma árvore.

Mamãe foi na cozinha para dar alpiste para o pobre pardal.

Muito tempo depois o pardal estava forte e sádio porque.

Porque, Carlinho deu tudo que ele precisava.

E Carlinho soltou-o muito bem e foi se embora.

Sousas, 7 de Junho de 1982
nome: Simone Paz de Melo
idade: 9
Série A

Bem!!

A Coragem de Zazá

Simone

Pimpim e Zazá são dois lindos peixinhos

Viviam sempre juntos procurando comida para comer.

Se conheceram numa linda e grande alga marinha.

Muito tempo depois, Zazá teve três filhotinhos muitos bonitinhos e dourados.

Pimpim ficou muito feliz.

Mais tarde os três peixinhos estavam numa gruta brincando de esconde-esconde e outras brincadeiras.

Então apareceu na gruta um peixe-espada muito feroz.

Chicri e Dourada gritaram:

— Socorro, mamãe!

— Socorro, papai!

E Zazá foi ver oque que estava. Só Zazá falou:

— Dourada e Chicri aonde vocês estão?

Chicri falou:

— Estou aqui, mamãe!

Zazá, devagarinho pegou uma pedra e tacou no peixe-espada quebrando a espada do peixe.

Pimpim ficou observando como a Zazá agiu bem!

Nome: Simone Paz de Melo.
Idade: 9
3ª série A

Ouvindo a estória "A gravata" imagine outros fatos que poderiam acontecer nesta mesma estória.

A gravata
Simone

Um belo dia de quinta feira Carlinho de seis anos encontrou uma gravata no trunco da porta do quarto de seu pai.

Carlinho muito espantado pôs a gravata no pescoço e foi olhar no espelho, mas a gravata passava da cintura. Muito esperto foi lá no jardim e falou para o jardineiro:

— Seu João, o senhor podia me emprestar o tesourão para mim cortar a gravata?

Seu João falou:
— Nossa mas é muito perigoso, meu filho tem ponta fina!

Mas o jardineiro deu o tesourão para o Carlinho. Mas ele é muito mentiroso mentiu que ia cortar uma rosa, foi lá no quarto e ele cortou ao meio a gravata, ele falou:
— Assim está melhor agora.

Horas depois seu pai chegou, Carlinho foi correndo atrás dele e falou para o pai:

— Papai o senhor gostou da minha gravata?

Seu pai falou espantado:

— Meu filho, porque você não tem juízo, esta era minha gravata!

Mas o pai de Carlinho pediu desculpas, e eles dois sairam para comprar outra gravata.

A gravata
FIM?

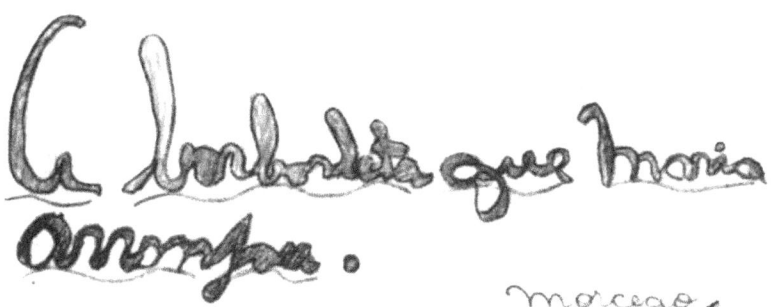

A borboleta que Maria arranjou.

morcego

leque

coroa

borboleta

pássarinho

lupa

apêndices • 241

A borboleta que Maria arranjou
Simone Paz.

Um belo dia de sábado, Maria estava embaixo de uma árvore sozinha. Ela pensou:

— Estou tão sozinha porque eu não tenho amiga, pelo menos queria uma borboleta para mim...

E Maria era muito, muito sozinha. Horas depois, Maria foi embora, na porta de sua casa encima do telhado no lado da porta estava uma linda borboleta que estava numa gaiola de prata, estava tão sozinha quanto a Maria.

Ela disse para sua mãe:

— Mamãe, porque a senhora jogou esta pobre borboleta?

Dona Helena muito espantada queria ver esta borboleta. Ela não sabia que esta borboleta estava encima do telhado e estava numa gaiola de prata. Mamãe pegou ela e cuidou da borboleta. Ela foi até a porta, como a borboleta já podia voar, dona Helena soltou ela e foi embora feliz e contente.

A pescaria de Mario e Júnior

Simone Pag.

Era uma manhã de sol. Mário e Júnior foram pescar lá na lagoa perto da casa deles.

Chegando lá Júnior pegou minhocas e Mário foi armando a rede de baixo de duas macieiras.

Júnior pescando pegou um peixe médio, pôis na cesta e depois Júnior falou para Mário assim:

— Mário quantos peixes tem que pegar?
— Quantos você pegou?
— Eu peguei 1.
— Então pega mais 3 peixes!

Júnior pegou mais dois peixes.

Em último, Júnior esforçou para pega-lo mais o peixe, escapou!

Júnior sabia nadar e pegou mais do que 4 peixes. Pegou um balde!

Chegando em casa comeram peixe assado no jantar.